研究生创新管理教材

重构企业管理能力

——中国企业管理学习理论与实践

张娜娜 著

北京交通大学出版社

·北京·

内 容 简 介

能力是决定企业技术创新和管理创新绩效的重要变量。管理学习是提升企业管理能力的重要方式。囿于管理能力，部分企业技术创新绩效欠佳。如何提升管理学习绩效、强化企业管理能力，进而促进企业创新是创新管理课程和企业创新管理实践的重点关注内容。

本书系统阐述了企业管理创新和管理学习领域的基本理论和实务，理论结合案例帮助学生理解与掌握企业管理创新和管理学习领域的知识要点以及开展学术训练。在内容上，第1章为导言。理论篇包含第2章和第3章，主要介绍了企业管理创新领域中管理学习的内涵、研究议题以及该领域的理论基础与分析框架。实践篇包含第4章～第10章，主要介绍了中国零售企业管理实务，包括管理学习的模式、影响管理学习的主要因素、管理学习的绩效、四大微观因素如何影响管理学习、管理学习的标准化战略以及中国企业管理改善的措施、现状与未来展望。

本书既可作为普通高等院校经济管理类专业研究生"创新管理""企业案例分析"等课程教材，又可作为业界从业人员学习管理创新措施和提升管理学习绩效的实务使用。

图书在版编目（CIP）数据

重构企业管理能力：中国企业管理学习理论与实践 / 张娜娜著. —北京：北京交通大学出版社，2022.6

ISBN 978-7-5121-4747-8

Ⅰ. ①重… Ⅱ. ①张… Ⅲ. ①企业管理-研究-中国 Ⅳ. ①F279.23

中国版本图书馆 CIP 数据核字（2022）第 107286 号

重构企业管理能力——中国企业管理学习理论与实践
CHONGGOU QIYE GUANLI NENGLI——ZHONGGUO QIYE GUANLI XUEXI LILUN YU SHIJIAN

责任编辑：田秀青
出版发行：北京交通大学出版社　　　　电话：010-51686414　　　http://www.bjtup.com.cn
地　　址：北京市海淀区高粱桥斜街 44 号　　邮编：100044
印　刷　者：北京虎彩文化传播有限公司
经　　销：全国新华书店
开　　本：170 mm×235 mm　　印张：13.5　　字数：228 千字
版 印 次：2022 年 6 月第 1 版　　2022 年 6 月第 1 次印刷
定　　价：69.00 元

本书如有质量问题，请向北京交通大学出版社质监组反映。
投诉电话：010-51686043，51686008；传真：010-62225406；E-mail：press@bjtu.edu.cn。

前 言 / PREFACE

管理与服务的进步远远比技术进步重要……我们与西方公司最大的差距在于管理。[①]

——华为总裁任正非

创新驱动发展背景下，管理学习与创新工作的重要性上升到后发国家与企业国际竞争力的战略层面，成为后发企业弥合其与国际领先企业管理差距的重要途径。这进一步突出了改善企业管理学习绩效以及管理能力在创新管理课程中的重要性。

在国家政策层面，早在20世纪80年代，中国就提出"全面整顿""企业升级与国企改革""企业管理现代化"等政策，鼓励本土企业学习国际管理创新成果以改善管理水平。2016年推出的《十一部门关于引导企业创新管理提质增效的指导意见》，鼓励中国企业通过管理改善提升发展质量与竞争力。2017年工信部副部长徐乐江指出，党中央、国务院高度重视引导企业创新管理提质增效工作，把管理创新作为全面创新的一项重要内容；2018年《中国装备制造业发展报告》显示，经济高质量发展背景下，战略管理薄弱、旧管理体制约束、质量管理体系缺失、转型管理经验不足等管理滞后问题，严重制约了中国装备制造业企业的转型升级；2019年，中国企业联合会会长王忠禹在全国企业管理创新大会上指出：通过管理改善提升企业软实力，是中国企业成长为具有全球竞争力的国际企业的关键。

在企业实务方面，越来越多企业实施管理学习战略以促进其创新绩效，全面质量管理、业务流程再造、精益管理、供应链管理等先进管理理念纷纷

[①] 任正非. 创新是华为发展的不竭动力[J]. 华为人，2000（7）.

被中国企业广泛采纳。如华为、海尔、联想等知名中国本土企业在其发展过程中均大力建设与全球领先企业的合作网络以展开管理学习与创新，华为自20世纪90年代初逐步打造全球网络，引进了IPD（集成产品开发流程）、ISC（集成供应链管理）、IFC（集成财经变革）、全价值链质量管理等国际领先管理实践，构建自身全球管理体系，实现了从追赶向国际领先通信设备制造商的转型与跨越。零售业方面，中国零售行业在十年之间完成了发达国家一百多年零售业态的变革，从改革开放前的百货商店、夫妻店等传统零售业态和零售管理模式逐渐转变为由发达国家兴起的购物中心、大卖场、超市等先进业态与零售管理模式，诸如百联集团、苏宁、国美、物美等传统零售企业也逐渐实现现代化转型与发展。对于零售业而言，每一种零售业态都蕴藏着一系列管理理念、管理手段的组合，因此中国零售业业态的不断升级显示出中国零售业企业学习、引进西方领先零售理念与业态，进而实现管理创新与管理能力提升的态势。

然而，已有研究仍然聚焦于技术追赶与市场追赶，缺乏关于后发企业改善管理滞后以及管理学习与创新方面的讨论。与技术和市场追赶逻辑下的企业实践不同，后发企业实施管理学习面临新的挑战，诸如管理学习与企业绩效之间的模糊因果关系，管理学习知识内容的隐性与嵌入性特征，管理学习对企业已有管理实践的冲击等。因此，后发企业开展管理学习以改善其管理滞后和实现管理能力升级，将面临更大的挑战与不确定性。

在这样的背景下，本书提出如下问题：企业改善管理以及提升管理能力的理论基础是什么？中国企业作为后发企业，它们通过管理学习改善管理滞后并实现能力重构的实务经验是什么？基于此，著者通过系统地评述企业管理领域后发企业、追赶领域以及管理学习领域的研究成果，于2015年开始以管理学习为主题展开系列研究，研究议题涉及管理学习对经济增长的贡献、管理学习的过程、管理学习的模式、管理学习的影响因素等。截至目前，基于对管理学习以及后发企业等主题的长期关注，著者以国际管理领域的重要议题之一管理学习为主题展开系列研究，研究成果在国内外期刊发表并得到国家以及省部级科研项目的支持。

本书是对企业管理学习主题相关研究的阶段性总结，涵盖了近年来著者围绕中国零售业企业管理实务的主要研究，其试图回答以下问题：管理学习是什么？管理学习的理论基础与分析框架是什么？开展管理学习的模式有哪些？开展管理学习的阶段特征是什么？影响企业管理学习的因素有哪些？如何提高企业的管理学习绩效？围绕这些问题，著者尝试采用文献研究、案例研究、实证检验等多种方法，以支撑本书的内容讨论。

不同于传统后发企业以及追赶研究领域的基本假设：技术与市场滞后对于企业竞争优势的关键制约性，企业管理学习研究议题强调管理滞后以及管理学习作为改善企业管理滞后的机制，试图建构后发企业管理追赶研究的范式。围绕管理学习研究的基本假设，除导言外，本书主要内容分为两部分：理论篇与实践篇。在理论篇，第2章主要介绍了管理学习的内涵解析与主要议题，第3章主要介绍了管理学习的理论基础与分析框架；在实践篇，对中国企业的管理实务进行了详细总结与介绍，第4章主要介绍了中国企业的管理学习模式，第5章基于五家中国企业管理学习实践的经验总结提炼了影响管理学习过程的主要因素，第6章详细介绍了行业层面以及企业层面的管理学习绩效，第7章详细介绍了四大微观因素影响中国企业管理学习绩效的机制，第8章重点讨论中国企业开展管理学习的标准化战略，第9章从企业层面和国家层面提出了改善管理学习绩效的重要措施，第10章对中国企业管理学习的现状以及未来发展趋势进行总结。本书的结构安排有助于其作为研究生"创新管理"课程教材使用，希望能够通过理论结合案例的形式帮助经济管理类专业的研究生理解企业管理的基本理论与企业实务，并为研究生开展学术训练奠定理论与方法基础。

鉴于中国零售业企业管理现代化的成功经验，本书通过对其管理实务的总结与讨论，为其他国家和地区后发企业开展管理学习提供指导，为经济管理类专业研究生以及企业界读者理解企业管理现代化实务提供帮助，帮助更多企业选择管理学习模式、厘清影响管理学习的主要因素，进而提升管理学习绩效。

本书得以顺利出版，离不开各界的支持与帮助，谨在此表达感谢。感谢我的博士生导师清华大学经济管理学院的谢伟教授，是谢老师引领我关注并坚持开展中国企业管理学习与创新领域的研究工作，谢老师严谨的治学态度、精深的专业知识一直感染并鼓励着我在学术之路上前行。感谢我的博士后合作导师清华大学经济管理学院的徐心教授，感谢您所提供的宝贵学习机会，您所言的"做学问，不怕慢，就怕停"一直铭记在我心。向我学习与工作过的单位清华大学经济管理学院、兰卡斯特大学，以及我现在的工作单位北京交通大学经济管理学院表示感谢。作为国家自然科学基金青年科学基金项目[①]成果，特别感谢国家自然科学基金委对本书的资助。另外，感谢北京交通大学出版社的田秀青老师，感谢您所提供的宝贵修改建议以及为不断完善著作所倾注的心血。

最后，感谢我的家人们，感谢家人给予我无私的爱与支持，你们的陪伴让我倍感幸福。谨以此书献给我的家人们，感谢你们给予我无尽的爱与力量。

张娜娜于北京

2022 年 4 月

作 者 简 介

张娜娜，北京交通大学经济管理学院讲师，英国兰卡斯特大学访问学者，清华大学经济管理学院博士、博士后。中国技术经济学会技术孵化与创新生态分会理事，国家自然科学基金委通讯评审专家，*International Journal of Technology Management* 和《科学学与科学技术管理》等中英文期刊匿名审稿专家，美国管理学学会（AOM）会员。

主要讲授课程包括战略管理、国际市场营销学、运营管理导论。主要研究领域为创新与战略管理、管理学习、后发企业等。主持国家自然科学基金项目 1 项，北京市自然科学基金项目 1 项，中国博士后科学基金项目 1 项。在 *Long Range Planning*、*Industrial and Corporate Change*、《南开管理评论》《科研管理》《科学学研究》《科学学与科学技术管理》等期刊发表中英文学术论文 20 余篇。2015 年获清华大学综合优秀奖，2014 年获清华之友-苏州工业园区奖，2013 年获小林实中国经济研究奖。

---

① 国家自然科学基金青年科学基金项目（项目号 72102013）：管理学习对后发企业追赶的影响机制研究。

目 录 / CONTENTS

理 论 篇

实 践 篇

第 1 章

导　言

1.1　管理也是生产力

经济学者指出，管理也是生产力，是经济增长的一个关键要素。中国现阶段具有两个显著特征：转型经济和高速发展。首先，转型经济是指中国长期处于由计划经济向市场经济的转型阶段。在经历了长期的计划经济时代后，中国经济开始向市场经济转型，制度的动态、不稳定性是转型时期的突出特征，该背景下中国政府和企业都希望能够通过引进国外先进管理知识推动经济顺利转型。放眼国际市场，欧洲很多国家在经历经济转型时，其政府也都是希望西方先进管理知识、运营知识能够为本国经济的发展提供力量，从而推动社会和政治的稳定发展。Vlachoutsicos 与 Lawrence（1996）的研究表明，管理学习有利于推动改革在制度与个体层面生效，从而推动国家层面的经济转型。但是在转型经济背景下，中国许多政策、行业规范、相关法律还处于不断变化之中。这种不稳定的政治环境提高了信息的复杂性、结果的不确定性、冲突的发生概率，不利于企业进行有效的管理学习。其次，高速发展是中国经济的第二个特征。自中国实施改革开放政策以来，经济发展在速度方面一直领先于世界其他国家；即便中国经济在 2011 年后进入新常态阶段，中国的经济增长速度减缓，但是中国经济发展状况一直是影响世界经济发展的关键要素，中国的经济增长与同期世界上其他国家相比仍处于较为乐观的发展态势。中国经济产出的增长离不开资本、劳动力等要素的大量投入，同时，资源配置能力、管理水平的提升等软实力在中国经济增长中发挥着至关重要的作用。1978—1998 年，技术创新对中国经济产出增长的贡献占总贡献的 11.9%，管理能力提升对中国经济产出增长的贡献占总贡献的 27.46%。可见，中国经济的增长已逐渐从单纯的投资拉动式、技术驱动式向技术和管理双轮驱动式转化，这种转化也显示了中国企业整体管理水平的提高。

事实上，对各行各业的企业来说，管理都是影响发展的重要因素。首先，管理是技术主导型企业改善技术能力的重要基础。对于高新技术企业，学术界与实践界都更加关注企业的专利数目、技术研发投入等技术相关的维度，他们认为技术能力是技术主导型企业竞争优势的主要来源。技术诚然是一家高新技术企业的核心，然而，仅有技术而忽视对企业的管理，企业也无法得到长足的发展。以中国知名企业华为技术有限公司为例，华为是一家以通信设备的生产和销售为主营业务的科技公司，其成立之初仅是一家作坊式的小型民营企业，但是华为现在已发展成为一家全球性的、连续多年占据中国通信设备行业的领导者地位、得到国内外普遍认可的世界 500 强企业。作为一家科技公司，强有力的科研投入是华为占据全球通信技术制高点的基础。但被很多人忽略的是：管理是华为保障其研发活动顺利进行的关键，华为研发投入的方向选择、项目评价和项目管理等都需要管理技术的支撑。自 1997 年开始，华为就不断与西方管理咨询公司合作以学习现代化的管理知识，诸如向合益集团（The Hay Group）和国际资源管理咨询集团（Corporate Resources Group）学习了人力资源管理体系，向 IBM 公司学习了集成产品开发（IPD）和集成供应链（ISC）管理体系，向普华永道国际会计事务所（PWC）学习了财务管理体系，向弗劳恩霍夫应用研究促进协会（Fraunhofer-Gesellschaft）学习了生产工艺管理体系等。华为的发展与管理学习实践表明，管理是技术主导型企业持续改善技术能力的重要基础。

其次，管理是非技术主导型企业获取竞争优势的关键。以关乎人民基本生活的零售企业为例，零售企业对其供应商、顾客、员工、商品等的管理能力决定了该企业是否能够向顾客提供比竞争对手更好的商品和服务。自改革开放以来，中国零售行业巨大的市场潜力吸引了沃尔玛、家乐福、麦德龙、特易购、易初莲花、欧尚、百安居、大润发、7-ELEVEn 等众多实力强大的外资零售企业。特别是 2004 年之后，中国政府不再对本土零售企业给予特殊保护，这意味着国内零售市场全面对外开放，外资零售企业在该阶段加快速度进驻中国市场。中国政府及行业内人士担心激增的市场竞争会打击中国零售业的发展，然而中国零售业在竞争中并没有被击破，反而加速了它们零售业态、先进管理理念的升级。在短短 10 多年里，中国零售行业经历了发达国家 150 年零售业态的变革，从改革开放前的百货商店等传统零售业态逐渐转变为购物中心、大卖场、超市等先进业态，诸如百联集团有限公司（简称百联集团）、苏宁易购集团股份有限公司（简称苏宁）、国美控股集团有限公司（简称国美）、北京物美商业集团股份有限公司（简称物美）等内资零售企业逐渐成长起来。每一种零售业态都蕴藏着一系列管理理念、管理手段的组合，因此中国零售业态的升级显示出中国零售企业管理现代化的过程。可见，国际零售企业的进入虽然带来了竞争，但同时也带来了先进管理知识的扩散；而且中国零售企业对先进零售知识的学习成效是显著的，它们通过管理学习改善企业软实力进而强化了其本土优势。

1.2 中国企业的管理现代化

从管理现代化水平来看，中国企业在管理理念、管理手段与工具等方面落后于西方发达国家。中国企业管理现代化水平低的一个重要原因是中国经济发展起步较晚以及中国的工业化进程远远落后于西方发达国家，但中国作为新兴经济体，其所具备的诸如廉价的劳动力成本、巨大的市场空间、快速发展中的市场机遇等优势，吸引了大量的优秀国外企业进入中国市场，进而为中国本土企业的发展带来了激烈的竞争以及来自优秀国际企业的管理示范效应。为提高市场竞争力，许多中国企业通过多渠道引进并积累国外先进管理知识、进行管理创新、进而提高管理能力，实现从过去粗放式的发展模式向更加精细化的发展模式转型。

1. 西方管理思想成为中国企业界的管理时尚

近年来，许多西方管理思想在中国企业界得到广泛传播，并成为流行于中国企业界的一种时尚。在管理学研究领域，应用西方现有的管理学理论来解释或者推测中国企业的发展仍然是主流；在实践领域，自 20 世纪 80 年代开始，中国企业便开始积极学习、引进西方管理知识，诸如质量管理、平衡计分卡、SWOT 战略分析、目标管理、PDCA 循环、供应链管理等典型的管理思想与工具。表 1.1 列举了典型管理思想与管理工具。

表 1.1　典型管理思想与管理工具

序号	名称	检索的主题词	出现时间	广泛关注期
1	SWOT 战略分析	SWOT	1986 年	2013 年
2	ERP（企业资源规划）	ERP 或企业资源规划	1984 年	2003 年
3	MBO（目标管理）	目标管理	1980 年	2007 年
4	CRM（客户关系管理）	客户关系管理	1996 年	2007 年
5	TQC、TQM 全面质量管理与控制	全面质量管理	1979 年	2008 年
6	决策树	决策树	1981 年	2009 年
7	BSC（平衡计分卡）	平衡计分卡	2000 年	2013 年
8	PDCA 循环	PDCA	1979 年	2013 年
9	KPI 管理	KPI	1999 年	2013 年
10	六西格玛	六西格玛	1996 年	2008 年
11	4P 理论/4C 理论	4P 或 4C	1987 年	2013 年
12	TPS（精细化管理）	精细化管理	1996 年	2013 年
13	波特五力分析等竞争战略理论	竞争战略	1982 年	2008 年
14	JIT（准时制）	准时制	1990 年	2008 年
15	ABC（作业成本法）	作业成本法	1993 年	2012 年
16	EVA（经济增加值）	经济增加值	1988 年	2011 年
17	海氏评估法	海氏评估	2006 年	2012 年

2. 中国企业管理现代化的政策基础

在国家政策层面，为推动中国企业实现管理现代化转型，中国政府持续出台相关的管理现代化政策予以指引。表 1.2 是中国企业管理现代化政策的演化阶段，该表显示出中国企业管理现代化经历了四个政策演化阶段，分别是全面整顿阶段、企业升级与国企改革阶段、企业管理现代化阶段、深化经济体制改革与非公有制经济阶段。经过这四个政策演化阶段，国内企业实施管理现代化变革的制度环境得到改善。

表 1.2　中国企业管理现代化政策的演化阶段

政策主题	主要政策举例	政策效果
全面整顿阶段	发布《中共中央、国务院关于国营工业企业进行全面整顿的决定》	推动了企业的"全面整顿"
企业升级与国企改革阶段	发布《关于企业升级若干问题的说明》《国家级企业审定办法（试行）》《（国家）关于企业升级中考评安全问题的暂行规定》	有效激励了企业对标国内外先进水平，促进了企业技术与管理水平提升，提高了行业管理水平，解决了计划经济体制遗留的问题
企业管理现代化阶段	发布《"八五"企业管理现代化纲要》《股份制企业试点办法》《全面所有制商业企业转换经营机制实施办法》《现代企业制度试点企业劳动工资社会保险制度改革办法》	企业逐步树立了现代化企业管理制度
深化经济体制改革与非公有制经济阶段	发布《国务院关于鼓励支持和引导个体私营等非公有制经济发展的若干意见》《2005 年全国整顿和规范市场经济秩序工作要点》《国务院关于 2005 年深化经济体制改革的意见》	减少了中国企业的管理现代化过程中的制度障碍

3. 中国企业从管理现代化变革逐渐走向管理创新

管理创新是企业获取竞争优势的一个重要途径，是一种提高资源配置效率、促进经济增长的关键因素；它是企业在管理层面进行的变革活动，这种变革既体现出企业管理方式、方法的变化，又体现出企业管理知识的积累与更新。因此，管理创新源于管理知识的积累，而管理知识的积累源于管理学习。国家级企业管理创新奖是中国企业管理现代化的重要成果，截至 2021 年 8 月，中国已评选出了 27 届国家级企业管理创新成果，成果范围覆盖生产、制造、服务等多个领域。表 1.3 是国家级企业管理创新成果中零售企业名单及成果举例。

表 1.3　国家级企业管理创新成果中零售企业名单及成果举例

序号	单位	成果名称
1	中国全聚德（集团）股份有限公司	打造现代品牌公司的老字号餐饮企业文化建设
2	北京物美商业集团股份有限公司	大型连锁零售企业顾客导向的高效供应链管理
3	苏宁电器股份有限公司、中国移动通信集团江苏有限公司	大型连锁零售企业的售后服务全程在线管理
4	上海市快乐（集团）有限公司	商业企业经营网点资源信息化管理系统建设
5	上海可的便利店有限公司	基于食品安全与运营效率的冷链物流管理
6	上海新世界股份有限公司	传统百货企业向现代大型购物消费中心转型的战略决策与实施
7	苏宁电器股份有限公司	提升大型连锁零售企业供应链价值的 B2B 信息化管理
8	农工商超市（集团）有限公司	以农为本的直营连锁网络构建与管理
9	广州友谊商店股份有限公司	单店管理转向连锁管理的百货业务流程再造
10	联华超市股份有限公司	连锁商业企业快速持续发展战略的实施
11	中原百货集团股份有限公司	百货零售企业的品牌特色化管理
12	湖南友谊阿波罗股份有限公司	百货零售企业连锁化再造
13	吉林省白山市方大商业有限公司	边远地区便民连锁超市的规范化管理
14	北京物美商业集团有限公司	以提升连锁规模效益为目标的整合管理

续表

序号	单位	成果名称
15	大连友谊集团股份有限公司友谊商城	"星级服务"体系
16	赛特购物中心	现代商业名店战略及其管理
17	武汉中商集团股份有限公司	商场计算机管理系统与会计电算化
18	北京贵友大厦有限公司	"购物零风险"管理
19	大连天百集团	"顾客满意"管理
20	北京西单商场集团	大型商场计算机管理信息系统
21	天津华联商厦股份有限公司	经营服务形象战略管理
22	武汉市汉阳商场(集团)股份有限公司	商场规范管理

中国企业的管理创新是建立在企业对西方先进管理知识的识别、获取、消化、转化和应用基础上的,以中国零售企业的管理创新成果为例,其管理创新具有以下特点。

首先,从创新主体所处的主要领域来看,获取管理创新的零售企业主要归属于商场、超市、购物中心、便利店。这四类零售业态是中国从国外引进的流行业态,并已发展成为中国零售行业主流的零售业态。以上述四类零售业态为主的中国零售企业积极引进国际最佳零售管理实践并开展了诸如供应链管理、战略管理、品牌管理等方面的管理创新。

其次,从创新涉及的主要领域来看,中国零售企业管理创新的领域主要包括信息化管理、服务管理、战略管理,除此之外还有供应链管理、流程再造、物流管理、风险管理。在上述管理创新领域中,中国零售企业在信息化管理领域的创新行动最为显著。现阶段,信息技术逐渐成为一种新的企业管理方式,它在一定程度上颠覆了传统企业的管理模式,有效提升了管理效率。在中国零售企业的运营管理过程中,它们面临来自供应商、顾客、商品、内部员工等的大量信息,如何高效地完成信息传递和对接、如何发挥供应链中每一环节中信息的价值是关系到零售企业能否获取竞争优势的关键。因此，中国零售企业通过管理学习与创新改善其信息化管理水平是十分必要的。

再次，从创新的侧重点演化来看，中国零售企业的管理创新从侧重规范化管理、流程再造管理逐渐向企业文化管理方面转变，这说明它们的管理学习与创新重点从基础管理向更深层次的管理领域演化。对零售企业而言，诸如商品管理、商场货架陈列管理等一般规范性管理属于基础管理类工作，它们与零售企业商品直接相关；而企业文化由于难以看得着，并与企业内部员工整体的认知密切相关，该领域的知识学习难度更大。中国零售企业的管理创新成果显示，它们的管理创新重点已从基础管理领域转向企业文化领域。

最后，从创新的形式来看，大部分创新是国外零售理念与中国零售企业实践相结合的本土化成果。从中国零售企业的业态到创新的具体领域，都来自国际零售业的最佳实践。诸如，中国零售企业所开展的战略管理、供应链管理、风险管理等领域的创新实践，都是企业在学习国外管理知识基础上开展的本土化创新，它们通过创新寻找适合企业特征的管理方法与管理模式。由此看来，中国零售企业的管理创新是国外企业先进管理知识与企业自身经验融合的结果。

1.3　管理学习的提出

管理作为企业发展的软实力，是影响企业竞争优势的关键因素，日益受到企业界的关注。与企业积极学习技术知识的现象一样，各行各业的企业对先进管理知识的引进与学习也是十分普遍，并且逐渐成为企业获取竞争优势的关键。

中国企业管理现代化的过程是一部中国企业学习国外先进管理知识的成长史，多数中国企业都经历了从传统的管理模式向现代化管理模式的转变过程。在很长一段时间内，中国经济发展落后于西方发达国家，这造成了中国企业在管理理念、管理方法上落后于国外企业，以及在管理能力上难以与国外先进企业相抗衡。随着经济全球化的开展，中国企业逐渐加入到全球竞争中，这要求中国企业必须在相对短的时间内迅速提高管理能力，以应对激烈的竞争。因此，越来越多的中国企业开始通过参观考察先进国际企业、海外培训、与国际咨询公司合作等方式学习国外先进的管理知识。

然而，许多中国企业花费高昂的学习成本并未"学成归来"，反而陷入了模仿的陷阱，它们将不适合企业的管理方法强行应用到企业的管理之中，反而阻碍了企业的正常运营。究其原因，中国市场环境及制度背景与发达国家迥异，不同制度环境下的组织开展知识转移非常困难，诸如企业经理人员的行为受到企业所处国家主流文化的影响而难以采纳其他国家企业的管理经验，这导致管理学习在知识基础和组织文化相差较大的企业间是很难有效开展的。但作为新兴经济体，中国市场吸引来诸多全球优秀企业的入驻，这加剧了中国企业所面临的市场竞争，但由此所带来的来自跨国公司的知识溢出为中国本土企业学习先进知识、理念提供了便利。在这种挑战与机遇并存的背景下，中国本土企业必须要加快发展步伐，并通过向国际竞争对手学习以迅速提高竞争力。如何做到"师夷长技以制夷"是中国本土企业所面临的现实问题。

随着企业国际化经营趋势的推进，企业需要可靠的管理体系支撑其全球化运营。因此，管理学习将逐渐成为企业学习实践的重点，成为企业构建管理能力的重要途径。中国作为新兴经济体的典型代表，中国企业所面临的环境更是复杂多变的，通过管理学习提高企业的管理能力以应对激烈的竞争将是它们的必经之路。此时，通过对成功的管理学习事件进行追踪，探索管理学习的模式和影响因素，有助于为国内企业开展管理学习提供指导，并帮助更多企业正确地选择管理学习模式、认清影响管理学习的主要因素。

在此背景下，管理学习成为亟须学术界关注的新兴研究领域。以中国企业为研究对象，有助于为学者研究企业学习问题（尤其是新兴经济体中企业的学习问题）提供一个新的视角，进一步扩展企业学习的维度，打开管理学习研究领域的大门。

1.4　本书聚焦与全书框架

1.4.1　问题聚焦

在经济全球化以及中国经济加大对外开放力度的背景下，中国企业面临日益激烈的市场竞争以及丰富的外部管理知识。

首先，中国作为新兴经济体的代表，国内市场的发展潜力对于国外企业具有很大吸引力。另外，中国劳动力相对低廉且资源丰富，这为生产、制造企业降低成本提供了很好的机会。鉴于此，众多国际优秀的企业纷纷入驻中国市场，运用其先进的管理理念和手段参与中国市场的竞争，其优秀的管理实践向中国本土企业展示了先进管理知识的优势，为中国企业运用现代化管理知识起到了示范作用。

其次，中国正处于由计划经济体制向市场经济体制转型的时期，政治、经济、社会文化、技术等环境因素还处于不断发展变化之中，从国家层面到企业层面都承受着转型的压力。一方面，国家希望改变长期以来投资拉动型的经济增长方式，向创新驱动型的经济增长方式转型，同时政府希望通过推行西方先进的管理方式加快经济转型的步伐，为此，中国政府不断出台相关政策鼓励企业的管理学习行为。另一方面，中国企业希望通过引进、吸收国外先进的管理知识提高企业的竞争力，实现从传统经营管理体制向现代化经营管理体制转型。可见，管理学习被视为推动中国经济转型和实现企业管理现代化的重要途径，受到政府和企业的双重重视。

最后，自中国加入 WTO 之后，中国企业与世界各国优秀企业的互动越发频繁，国际优秀的管理实践知识溢出对国内企业的生产、销售、物流、客户关系等环节的管理产生深远影响。引进西方先进的管理理念和工具在中国企业界成为一种流行，国内大大小小的企业开始"削足适履"。部分企业甚至忽视企业实际情况，将国际先进的管理工具随意套用在企业的生产运营中。这不仅阻碍了企业的现代化进程，同时制约了企业进一步开展管理学习行动。可见，对国内优秀管理学习实践者的经验进行总结，能够为国内企业开展管理学习提供借鉴。

鉴于以上分析，本书关注的企业实践问题是：中国企业如何通过管理学习提高企业竞争力以及改善其与发达国家企业之间的差距。借鉴 Hobday 在 1995 年对亚洲企业技术学习问题的研究，将企业划分为领导者（leaders）、追随者（followers）和后发者（latecomers），其中领导者和追随者是指技术领先的发达国家企业，后发者指远离发达国家市场的发展中国家企业，而技术学习指发展中国家企业向发达国家企业学习技术知识的过程。本书中的管理学习也是指发展中国家企业为了缩小与发达国家企业管理能力的差距，而向发达国家企业学习管理知识的过程。本书的目的在于揭示发展中国家企业管理学习的模式、绩效及其影响因素等问题。考虑到中国零售业在管理学习实践方面的典型性，本书以中国零售企业管理学习实践作为研究对象，运用科学合理的研究方法主要梳理、总结了以下知识内容。

（1）中国零售企业管理学习的模式有哪些？

中国零售企业的发展史是一部写满管理学习经验的发展史，从其发展初期到目前的创新期，其所具备的资源和能力是不同的，这势必会影响到企业开展管理学习的方式。另外，学习本身就是一个包含多个阶段的连续性活动，那么企业在学习的不同时期所采用的学习模式也应该是不同的。因此，对中国零售企业管理学习模式的分析，有利于研究者理解其管理学习的基本流程和整体特征，从而为后续研究的开展奠定认知基础。

（2）影响中国零售企业管理学习的主要因素有哪些？

中国零售企业管理学习的内容为国外先进的管理理念和管理手段，这些管理知识以隐性知识为主，它们是国外企业在特定历史背景下形成的。因此，中国零售企业在应用先进管理知识时会遭遇一定的认知障碍。另外，动态的外部环境给中国企业战略决策执行带来很多挑战。本书结合行业组织模型、资源基础模型、制度理论等，采用多案例研究法，通过对案例企业管理学习实践进行追踪，归纳了影响案例企业管理学习实践活动的主要因素，最终构建影响中国零售企业管理学习的因子模型。

（3）中国零售企业的管理学习是否取得了良好的成效？管理学习是否对企业的经营绩效产生了积极作用？

企业开展管理学习的目的在于提高企业的管理水平，即提升企业的管理能力。通过向国际先进的零售巨头学习，从外在的业态特征和扩展形式来看，中国零售企业已经占据了中国零售市场的主导地位。但是，这是否就可以认为中国零售企业的内在能力即管理能力得到提升了呢？本书通过运用全要素生产率的相关知识，对中国零售企业的管理水平进行测算，并以此衡量企业管理学习的绩效。另外，本书还对管理学习绩效与企业经营绩效之间的关系进行了实证检验。

（4）高管所具备的管理知识网络资源、管理所具备的政治资源、吸收能力、相关知识基础对企业管理学习绩效有何影响？

该部分研究主要关注了以下四个因子对管理学习绩效的作用。

第一，高管所具备的管理知识网络资源。高管团队成员在高等院校、研究机构或者咨询公司的先进知识平台兼职，并形成管理知识联结，这种联结为企业获取、理解和转化先进知识提供了可靠的外部平台。另外，企业在进行高管培训、管理系统构建时通常都会与这些知识平台合作，由此看来，这种外部知识平台在企业学习先进管理知识过程中具有重要作用。

第二，高管所具备的政治资源。由于转型经济国家普遍存在制度不完善的特征，而政治联结被证实是弥补制度缺陷的一个有效手段，其在资源配置方面具有重要作用。正是如此，中国企业的高管在国家级政府机构和地方级政府机构兼职成为一种普遍现象。企业所形成的政治联结对于推进企业的合法性具有积极作用，这种合法性使企业更容易获取外部资源，但这是否会削弱企业通过学习提升管理能力的动力？

第三，企业的吸收能力。吸收能力反映了企业学习新知识的能力，企业能否理解、消化、应用其所引进的管理知识决定了企业管理水平上升的空间。即使企业具备广泛的外部知识交流平台，如果企业的吸收能力不足，那么企业很难通过其知识交流平台有效获取外部知识。

第四，相关知识基础。理解先进的管理知识要求企业具备一定的相关知识基础。西方先进的管理知识产生于市场经济背景下，而中国处于由计划经济向市场经济转型的时期，这致使中国企业与西方企业的管理理念和思维存在较大差异。因此，积累相应的管理知识基础对于企业提升管理学习绩效非常重要。对于中国企业而言，上市意味着其开始使用现代化经营知识管理企业，这是企业开始积累现代化管理知识的重要标志。在现实中，具有上市经历的企业通常更加容易理解和运用现代化管理知识。可见，企业所积累的与现代化管理相关的知识，将会影响企业管理学习的绩效。

1.4.2　全书框架

本书一共包括 10 章：第 1 章为导言，第 2 章与第 3 章为理论篇，第 4 章至第 10 章为实践篇。

第 1 章：导言。通过对管理的重要性、中国企业管理现代化的情况及其所面临的管理学习问题进行梳理，介绍本书撰写的主要背景，以及本书试图解答的主要问题。

第 2 章：管理学习的内涵解析与主要议题。该章主要介绍管理学习的动因、内涵以及该领域的主要研究议题与研究特征，为本书其他章的研究内容提供研究基础。

第 3 章：理论基础与分析框架。该章通过回顾企业管理领域基础理论，以及结合前一章关于管理学习领域的研究回顾，重点介绍本书的主要理论分析思路，为后续其他内容的研究开展提供指引，以保证各部分研究主题的一致性。

第 4 章：管理学习的模式。该章通过案例研究法，梳理管理学习的阶段性特征，并从管理学习的目标、管理学习的内容、管理学习的途径以及管理学习的机制等维度对学习模式进行归纳和提炼。

第 5 章：什么影响管理学习过程。该章通过案例研究法对影响中国零售企业管理学习的主要因素进行提炼，构建管理学习的因子模型。

第 6 章：管理学习的绩效。首先，该章通过定性研究法，对零售行业的整体发展历程进行梳理，总结行业层面的管理学习行为与成绩；其次，通过运用经济学中测量全要素生产率的方法，对中国零售企业管理学习绩效进行测量，分析中国零售企业在发展过程中取得的管理学习绩效；最后，该章对企业管理学习绩效与企业经营绩效之间的关系进行实证检验。

第 7 章：四大微观因素如何影响管理学习。该章运用大样本数量统计的方法检验部分微观因素与企业管理学习绩效之间的关系，主要因素包括高管的管理知识联结、政治联结、吸收能力和知识基础等因素。

第 8 章：中国企业管理学习的标准化战略。该章运用案例研究法，对中国企业管理学习过程中的标准化行为进行解析，总结、提炼企业管理学习的标准化战略。

第9章：中国企业管理学习绩效的改善措施。该章从企业内部措施和国家政策两个层面，梳理企业改善管理学习绩效的主要措施。

第10章：中国企业管理学习的现状与未来展望。该章主要梳理本书重要结论，展望中国企业管理学习实践的未来趋势与管理学习领域的未来研究趋势。

本书框架见图1.1。

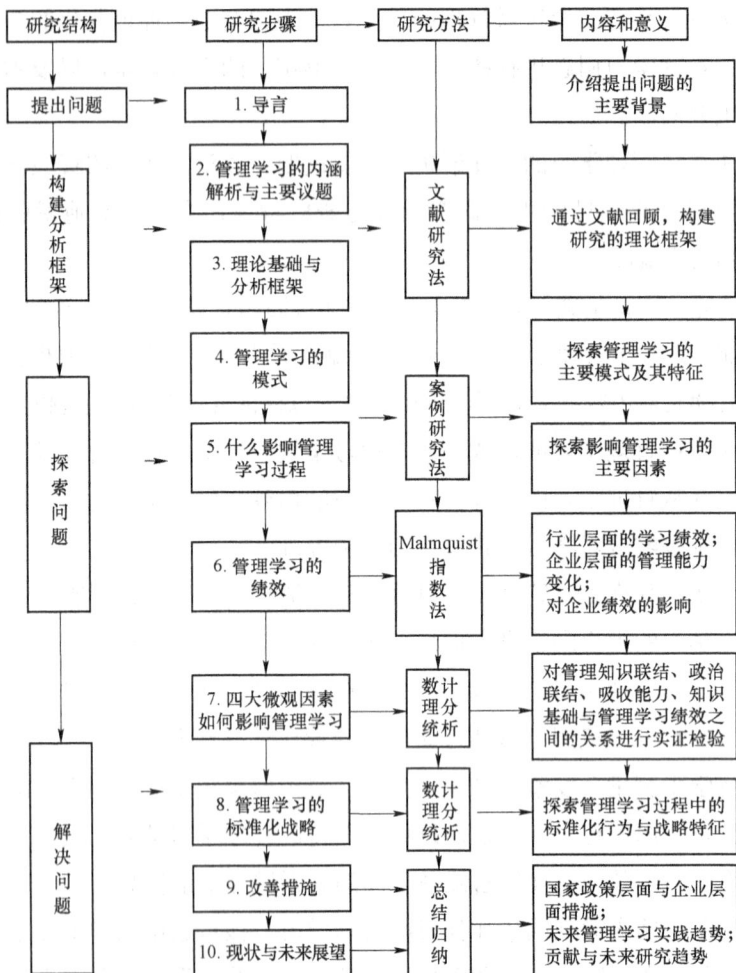

图 1.1　本书框架

1.4.3　研究方法

为了对中国企业的管理学习问题进行科学、规范的研究，本书首先梳理了战略管理领域的基础理论和中国零售行业领域的研究现状，并构建了研究中国零售企业管理学习问题的理论框架。其次，本书通过高校财经数据库（China InfoBank）、上市公司网站、万德数据库、国泰君安数据库以及行业协会网页、相关书籍、企业访谈及问卷调查等多个渠道收集了相关信息和数据资料，运用规范的案例研究法对中国零售企业管理学习的模式和影响因素进行了分析。此外，本书运用计量经济学研究方法对影响企业管理学习的部分因素进行了大样本实证检验研究，并对中国零售企业管理学习绩效与企业经营绩效的关系进行了实证检验。具体而言，本书主要使用了以下研究方法。

（1）文献研究法。采纳文献研究法对战略管理领域的基础理论进行回顾，并对管理学习领域的相关文献进行分析，本书构建了适合中国零售企业管理学习问题研究的框架模型，为后续研究提供指引。除此之外，本书多章运用文献研究法对相关主题的国内外文献进行回顾与评述。

（2）案例研究法。案例研究法是学者们用来探索新兴研究领域的首选方法，本书所采纳的案例研究法主要涉及单案例研究法和多案例研究法两种。首先，为了探索中国零售企业管理学习的主要模式和标准化战略，本书以苏宁作为研究对象，采用规范的单案例研究法对苏宁发展过程中的管理学习实践进行追踪，并结合相关理论分析苏宁管理学习模式的主要特征。其次，为了探究影响管理学习的关键因素，本书根据中国连锁经营协会所提供的百强名单选取排名靠前的零售企业开展多案例研究。

（3）Malmquist 指数法。为了测量中国零售企业管理学习绩效，本书借鉴经济学中测量全要素生产率的方法，运用 Malmquist 指数法对中国零售行业上市公司的全要素生产率及分解值进行了计算，并以此衡量中国零售企业管理学习绩效。

（4）数理统计与计量分析方法。在运用 DEAP 2.1 软件对零售企业的管理学习绩效进行测算后，本书运用 Stata 软件对企业管理学习与经营绩效之间的关系进行了实证检验。另外，为了检验部分影响因素与企业管理学习绩效的关系，本书通过多个数据库及信息渠道收集了中国零售企业管理学习的面板数据，并采用面板数据分析模型开展实证研究。

理 论 篇

第 2 章

管理学习的内涵解析与主要议题

2.1 管理学习的动因

与技术的更迭一样，总有一些新兴的管理理念流传于企业界，Abrahamson 将这些被认为是未来发展方向的管理理念称为管理时尚（management fashion）。关于企业开展管理学习、引进管理时尚的动因，学术界给出了多种解释。Abrahamson（1996）指出企业引进、学习时尚的管理方法是因为企业管理者希望能借此缩小其所在企业与优秀企业之间的绩效差距，但 Sturdy（2004）指出企业采纳管理理念和实践具有不同的动因，他从理性（rational views）、心理动态（psychodynamic）、编剧化（dramaturgical）、政治（political）、文化（cultural）和制度（institutional）等多个视角分析了其中的原因。学者们已经关注到企业界存在的管理学习现象，但目前管理学习研究领域还是一个新兴的研究领域。

2.2 管理学习的含义

关于"管理学习是什么"，可以从两个角度来理解，即管理学习的内容和管理学习的对象。"基于管理学习内容的研究"关注企业管理学习内容的差异性，强调企业应该重视不同类型管理知识的选择与应用，认为管理学习是企业从外部获取不同类型管理知识的过程，具体包括与行政系统

（administrative systems）、管理理念（management ideas）、管理实践（management practice）和组织结构（organizational structures）相关的知识。"基于管理学习对象的研究"关注企业管理学习对象的差异性，强调外部学习对象对企业管理学习的影响，认为管理学习是企业通过不同外部利益相关者获取管理知识的过程，具体包括管理咨询公司、高校、商业合作伙伴、供应链上下游企业等主体。

2.3　管理学习的研究议题

目前关于管理学习方面的学术研究主要涉及以下议题：管理知识的特征、管理学习的主要途径、管理学习的影响因素、管理学习对企业绩效的影响、管理创新。

2.3.1　管理知识的特征

知识是企业核心竞争力的主要来源，企业获得管理知识的方式主要有两种：经验积累和管理学习。企业通过经验积累所形成的管理知识，是企业熟悉的经验知识，该类知识容易被企业员工理解与应用，但该类知识的形成周期较长。当企业面临经济转型、竞争加剧等动态环境时，经验积累的获取方式无法满足企业对管理知识的需求。通过与先进企业建立合资企业、战略联盟等方式，企业可以在相对短的时间内以较低成本获得相对先进的外部管理知识。

管理知识是嵌入在一定社会背景下，用以执行计划、组织、控制、领导等企业管理职能的非物理技术知识，表 2.1 列示了管理知识的文献。

表 2.1　管理知识的文献

序号	作者	方法	结论
1	Fu（2012）	大样本数理统计	管理知识是企业的经验、管理实践和组织实践 管理实践是实践性管理操作的路径 管理知识是异质的、明晰的、缄默的、产业特定的、非产业特定的

续表

序号	作者	方法	结论
2	Tsang（2001）	大样本数理统计	知识的分类：物理技术和组织技术
3	Simon 和 Davies（1996）	访谈	知识的分类：隐性知识和显性知识
4	Vlachoutsicos 和 Lawrence（1996）	定性分析	管理价值和行为具有社会嵌入性
5	Soulsby 和 Clark（1996）	访谈	四大管理学习领域：战略管理、组织设计、营销管理和质量管理
6	Lin（2005）	田野调查，访谈，结构方程模型	管理知识的定义：用以处理与管理结构、程序和实践操作相关的事情，即非物理技术事情，这些事情常被称为组织技术 管理知识的分类：管理技术、管理理念、国际管理知识

具体而言，人们可以从以下四个方面来理解管理知识。

（1）管理知识不同于传统意义上的技术知识。管理知识是用以处理与管理的结构、程序和实践操作等组织技术相关的知识，例如，Sturdy（2004）探讨企业之间管理知识的转移问题时，将管理知识定义为"管理理念和实践"（management ideas and practices）。而传统意义上的技术知识是用来处理与物理技术相关的知识。但管理知识中部分构成内容是与物理技术紧密相关的知识，这些知识所要求的管理意识与认知层次较低。

（2）管理知识是异质的。根据知识的显隐性特征，管理知识分为显性知识与隐性知识。与物理技术紧密相关的管理知识常常容易被模仿，这类知识属于显性知识。与组织技术相关的知识则涉及管理意识和管理认知等缄默性知识，该类知识属于隐性知识。此外，管理知识分为具有行业特定性和不具有行业特定性的知识，具有行业特定性管理知识的流动在一定程度上受到行业边界的制约。

（3）管理知识具有社会嵌入性。管理知识是在一定社会、经济、政治等宏观环境及企业特定发展历史环境下形成的理念、方法与技能，它具有一定的社会属性。管理知识的社会属性决定了其所适用的情境，这意味着企业很难通过完全照搬标杆企业的最佳管理实践而取得相同的成功。

（4）管理知识具有溢出效应。管理知识体现在企业具体的管理实践之中，它们能够通过人员流动、社会网络、示范效应、模仿、并购等途径转移到企业外部。选择不同的学习途径，企业需要投入的资源、开展学习的过程、取得的学习效果将有所不同。因此，企业可以根据其需求选择相应的管理学习途径。

2.3.2 管理学习的主要途径

企业开展管理学习的途径是多样的，具体可以分为正式的管理学习途径和非正式的管理学习途径。谢伟（2008）指出正式的管理学习途径包括中外合作、合资、许可证、战略联盟等方式，非正式的管理学习途径包括参观考察、参加展会等。其中，合资与战略联盟被认为是有效的管理学习途径，并在企业界得到普遍应用。表 2.2 列示了管理学习的主要途径。

表 2.2　管理学习的主要途径

作者	研究对象	方法	主要途径
Child 和 Markóczy（1993）	中国和匈牙利的合资企业	调查研究	与外国企业组建合资公司或是战略联盟有效促进了企业间的学习
Lin（2005）	中美合资企业	大样本数理统计	外方的管理控制对中方企业的学习具有重要影响
Villinger（1996）	35 个西方并购案例	调查研究	并购是转型经济下企业学习管理知识的一种途径
Fu（2012）	英国的外商直接投资企业（合资和全资）	大样本数理统计	管理知识溢出的渠道：人员流动、社会网络、示范效应、模仿、并购等
金麟洙（1998）	—	—	企业通过高薪聘用管理经验丰富的管理人才学习先进的管理知识，这种知识转移机制有利于隐性知识的转移
Soulsby 和 Clark（1996）	捷克共和国的 4 家大型原国有企业	调查研究	企业的网络资源、雇员、客户、培训课程、顾问等是企业在国内获取管理知识的途径；国外的展会、对外贸易、外国人力资源、外国顾问、著作等是企业从国外获取管理知识的国外途径

作者	研究对象	方法	主要途径
Vlachoutsicos 和 Lawrence（1996）	苏联国有企业	调查研究	政府可通过制定政策要求企业管理人员参加特定的管理培训项目
谢伟（2008）	—	理论研究	包括正式学习和非正式学习途径

下面对企业管理学习的主要途径进行介绍。

（1）合资与战略联盟。与其他企业建立合资与战略联盟关系被认为是企业有效的管理学习途径，也是许多企业开展技术学习的重要途径。合资作为外资企业进入中国市场的主要方式之一，是中国本土企业学习外国先进技术和管理知识的重要途径。诸如中国汽车企业中的长城汽车股份公司等采用与外资企业建立合资企业的方式来获取合作方的技术知识和管理知识。

（2）海外并购。海外并购除可以作为企业获取技术知识、市场知识、市场份额的重要途径之外，也是获取管理知识的有效途径。Villinger（1996）对东欧经济转型背景下并购企业双方的管理学习研究表明，海外并购是转型经济下企业学习管理知识的一种有效途径。许多中国企业也通过并购的方式获取外部管理知识，诸如苏宁通过并购日本零售企业获取对方优秀的管理知识。

（3）管理咨询。随着管理咨询行业的兴起，管理咨询公司成为最佳管理知识的重要集合地。Soulsby 与 Clark（1996）对捷克共和国的 4 家大型原国有企业的研究表明，外国顾问提供的咨询服务是企业管理学习的途径之一。管理咨询公司不仅具备丰富、成熟的管理培训经验，而且还能够以第三视角诊断企业存在的管理问题。因此，通过借力那些为领先企业做过管理咨询服务的咨询公司，企业可以获取优秀的管理方案，实现对先进管理知识的学习，从而提高企业的管理水平。

（4）人才引进。鉴于人是知识的重要载体，劳动力从外国企业向中国本土企业的流动也是管理知识转移的重要途径。由于管理知识具有嵌入性特征，管理类人才在经营管理活动中将企业的管理知识内化在自己的管理思想之中。因此，通过高薪聘用管理经验丰富的管理人才，企业能够获得先进的管理知识。相对于显性知识而言，隐性知识的转移尤其要借助人员流动。

（5）示范效应。随着经济全球化以及国际合作日益频繁，在中国境内运营的外资企业能够为本土企业带来知识的溢出，其中管理知识的显性部分很容易被中国本土企业观察和模仿。因此，示范效应是企业获取管理知识的一个途径。

（6）其他。除上述管理学习的途径之外，企业还常常通过国内短期管理课程与讨论会、MBA 和其他教育项目、技术性大学（研究与咨询）、投资基金、国内市场的外国伙伴（行业伙伴、供应商、顾客）、供应商和顾客的商业网络、外国展示和交易会、国际竞争、外国贸易活动等方式获取管理知识。

2.3.3　管理学习的影响因素

管理学习虽然有助于改善企业的管理水平，但每个企业最终的学习结果具有不确定性。企业学习先进知识是为了改善企业现有的管理行为，但是企业学习管理知识的过程受到多方面因素的影响，表 2.3 列示了管理学习的影响因素。相关研究表明，影响企业管理学习的因素主要来自组织层面、个体层面、环境层面及知识层面。在外资及合资企业中，影响企业管理学习的主要因素有管理知识的属性、企业的吸收能力、学习双方的空间及文化距离，以及企业的学习意向、组织结构、战略定位、学习态度；另外，对于转型经济体，国家的历史环境、转型时期的特殊政策等制度背景也是影响企业管理学习的重要因素。

表 2.3　管理学习的影响因素

作者	研究对象	方法	结论
Fu（2012）	英国的外商直接投资企业	大样本数理统计	管理知识的属性、吸收能力、距离
Tsang（2001）	中国境内的合资企业	案例研究	组织层面的因素包括外商伙伴、中国伙伴和 FIE 的结构；个体层面包括外派来的经理和中国本土经理
Villinger（1996）	35 个西方并购案例	调查研究	语言差异、文化差异、认知及开放性以及原有知识系统、环境的不稳定性等

续表

作者	研究对象	方法	结论
Child 和 Markóczy（1993）	中国和匈牙利的合资企业	调查研究	高管的学习态度、对学习必要性的认识、培训项目、与高绩效有关的新系统、员工的水平、双方的信任、工业治理系统、外方管理行为
Lin Xiaohua（2005）	中美合资企业	大样本数理统计	学习的意向、组织控制结构、战略定位、互动质量
Soulsby 和 Clark（1996）	捷克共和国的 4 家大型原国有企业	调查研究	身份认定和态度、历史环境、与转型相关的现实问题
Geppert（1996）	三家德国企业	案例研究	制度背景
Kostova（1999）	三家美国大型公司及其境外跨国子公司	调查研究	社会、组织和个体三个层面的因素
Cyr 和 Schneider（1996）	位于三个国家的三家国际合资企业（制造行业）	调查研究	人力资源管理
谢伟（2008）	—	理论研究	学习意图、学习能力、学习机制、领导力以及外方传达知识的意愿和能力

2.3.4　管理学习对企业绩效的影响

　　管理能力反映了企业管理知识的积累情况，它是企业构建竞争优势的决定性条件并直接影响企业经营绩效。不同国家和地区企业的管理能力不同，诸如美国、日本和德国的制造业企业具有较强的管理能力。全球化加快了优秀管理实践的传播，为后发企业通过管理学习追赶先进企业的管理能力提供了重要机会。另外，管理咨询公司、商业媒介出版物、商学院等机构作为流行管理理念（方法、技能）的推行机构，不断向企业管理者传播管理前沿知识。为了提高企业绩效、应对环境的变化以及技术差距，企业管理者积极引进市场上流行的管理方法。

表 2.4 列示了管理学习与绩效的关系，该领域的研究成果相较于技术学习与绩效关系的研究较少。Vlachoutsicos 与 Lawrence（1996）指出管理学习对促进国家经济转型具有重要作用，他们指出国家应该激励并帮助企业开展管理学习。Fu 等（2012）对英国零售行业的知识转移展开研究，研究发现管理学习有利于零售企业获取非技术类知识以及提高零售企业的运营效率。

表 2.4 管理学习与绩效的关系

作者	研究对象	方法	结论
Vlachoutsicos 和 Lawrence（1996）	苏联国有企业	调查研究	管理学习有利于推进经济转型，为此经理人员需要整合原有知识与新引进的管理知识
Fu 等（2012）	英国零售企业	实证检验	容易被识别的管理知识更易被本土零售企业学习，并能够提升企业的生产效率
Bloom 等（2012）	制造企业、零售企业、医院	实证检验	管理能力与企业绩效之间存在正相关关系
Chatterji（2009）	新成立的医疗仪器企业	大样本数理统计	企业的雇员由于积累了一定的非技术类知识，其创业时更容易取得好的绩效
Dyer 和 Hatch（2006）	丰田汽车公司以及其供应商	大样本数理统计	供应商们能够从特定供应链网络中学习，这种特定的知识有利于丰田公司绩效的提升
Bergh 和 Lim（2008）	重组企业	大样本数理统计	企业通过重复性的重组工作而学习积累了相关经验，进而容易获得良好的重组绩效
Chen 等（2016）	中国 2011 年前上市的中关村企业	实证检验	企业通过合作和雇用所获取的管理类知识，有利于本土企业绩效的提升

2.3.5　管理创新

　　组织学习领域的研究表明，企业决策行为（诸如并购选址、合同订立等）是企业不断学习的过程，而这个学习过程能够促进企业创新。现有关于创新的研究聚焦于制造业领域的技术创新，较少研究关注管理创新。所谓管理创新是指企业立足于组织目标，自主开发或从外部引进一种新的管理实践、程序、组织结构和管理技巧。关于管理创新的研究，学者们主要从制度、时尚、文化、理性等视角展开讨论。其中，基于制度视角的研究主要探讨了制度环境对管理创新扩散的影响；基于时尚视角的研究主要从管理思维的供需方面探讨了管理理念的传播；基于文化视角的研究主要探讨了组织文化对管理创新形成的影响；基于理性视角的研究主要探讨了管理者在管理实践实施中的作用。当企业的管理创新活动是从外部引进某种新的管理实践时，那么此时的管理创新也就是本书所提到的管理学习。因此，管理创新是管理学习领域的一个重要议题，表 2.5 是管理创新的相关研究。

表 2.5　管理创新的相关研究

作者	方法	结论
Damanpour 和 Aravind（2012）	文献综述	关于创新的研究主要是基于技术领域的创新研究，管理创新的研究还处于开发阶段
Abrahamson（1996）	理论分析	企业界存在一种管理流行时尚的现象，而咨询公司、管理专家、商业媒介的出版物、商业学校都是流行管理方法的设定者和推广者
Birkinshaw 等（2008）	理论分析	管理创新是指企业为实现组织目标，发明并实施一种新的管理实践、程序、结构或是技巧
Clark（2004）	理论分析	关于管理流行现象的研究还存在很多不足之处
McCabe（2002）	案例研究	受其所在文化背景的影响，经理人员可能会抵制一些管理创新活动
Kaplan（1998）	创新行为研究法	经理人员在管理创新过程中，理性地进行决策

　　中国学者对管理学习的研究始于其对管理创新现象的探索。自 1986 年以来，中国针对如何推动企业的管理现代化制定了众多政策。由中国管理现代化政策的演化过程可知，中国企业很早开始关注管理学习，并积累了宝贵的管理学习实践经验。然而，学术界关于管理学习领域的研究成果很少，只有少数研究探讨了企业的管理创新活动。在管理创新领域的已有研究中，部分学者基于资源基础模型和行业组织模型探讨了影响企业管理创新的主要因素；另有一些学者探讨了竞争环境下企业的管理创新行为。除此之外，部分学者还从制度理论的视角探讨了转型经济特征对企业管理创新绩效的作用机制。

2.4　管理学习领域的研究特征

　　以上关于管理学习的研究成果，多数来自国际管理学期刊 *Organization Studies* 在 1996 年刊出的一期文章。这期文章研究的对象以新兴经济体、后发国家、转型经济时期的企业为主。在关于管理学习的表述上，这期文章存在两种写法：managerial learning 和 management learning，这两个短语都是指企业向先进国家或地区的企业学习管理知识。

　　近年来，少有研究者使用管理学习这一词，除谢伟（2008）以管理学习为主题探讨了其与技术学习和组织学习的异同，以及张娜娜与梅亮（2021）以华为公司作为案例探讨管理学习对后发企业管理改善的作用，更多的学者开始从社会资本（social capatial）和网络（network）的视角探究管理者所构建的网络联结对企业绩效的影响。在管理者网络联结的文献中，多数学者使用的是 managerial ties 一词，他们虽然暗示了企业网络资源中存在知识转移现象，但这些研究并没有立足于企业学习的视角。已有研究为本书开展管理学习研究提供了知识基础和潜在机会。

　　通过对管理学习领域已有文献进行梳理，本节总结得出管理学习领域现有研究存在以下特点。

　　（1）管理学习的研究主要停留在概念层面的探索上，诸如管理知识的特征、管理学习的维度、管理学习的途径等。

（2）对管理学习绩效的测量鲜有讨论，对管理学习与企业绩效之间关系的研究很少。

（3）关于影响管理学习的关键因素方面，已有研究以定性研究为主，鲜有研究对相关影响因素的作用进行实证检验。

上述特征表明，管理学习领域现有研究缺乏对企业管理学习实践的深入解析，该领域值得探讨的潜在研究问题包括以下方面。

（1）学习是一个循序渐进的过程，那么企业的管理学习应该也是由多个阶段组成的。与学习阶段相关的问题是：每个阶段的学习内容、途径、机制存在哪些区别？

（2）影响管理学习的因素是多层次、多方面的，如何对这些因素进行分类管理？

（3）高管是企业管理活动的主要执行者，高管所构建的社会资本对企业经营具有重要影响，其中与先进知识平台有关的社会资本是否对企业管理学习有影响？

（4）企业的经营绩效反映的是企业多要素的产出结果，其中由管理水平提升带来的生产效率的变化反映的是企业管理学习的绩效，那么如何测量管理学习绩效？

第 3 章

理论基础与分析框架

3.1 管理学习研究领域的理论基础

管理学习是企业一项重要的战略决策，而企业战略的制定与实施受到其所处的宏观环境、行业环境及内部环境的影响。战略管理理论中的行业组织模型、资源基础模型、制度理论、组织学习理论为研究企业的战略行为提供了理论基础。

管理学习是一个涉及多因素的复杂过程。中国企业向国外企业学习先进的管理知识，将产生于西方背景下的管理理念和管理方法引入到企业生产运营中，这一过程受到中国企业所处的政治、经济、制度环境等因素影响。另外，中国目前正处于转型经济时期，国内企业缺乏应用西方先进管理知识所需的相关基础设施、政策保障，这增加了中国企业管理学习的挑战。此外，管理学习作为企业的一项战略决策，企业制定和实施管理学习战略受到来自外部环境因素和企业内部资源、能力的影响。

鉴于此，本章首先对战略管理领域的基础理论进行回顾，为后续内容提供理论支撑。其次，本书对现有研究中有关零售业的文献进行了综述和分析，以掌握零售业领域研究的现状。

3.2　战略管理基础理论回顾

行业组织模型、资源基础模型、制度理论是研究企业战略管理问题的理论基础，它们分别从外部环境、内部资源与能力、制度环境等角度解析企业战略选择过程。由于管理学习是企业一项重要的战略决策，涉及对企业内外部资源的配置与协调，因此，有必要对上述理论进行回顾。

3.2.1　行业组织模型

行业组织模型是战略管理理论两大基础模型之一。该模型认为，由于企业所处的外部环境（尤其是行业环境）是企业生存发展的直接环境，这些环境要素的特征决定了企业在生产经营中所面临的机会与威胁，故外部环境是企业能否获取超额利润的关键。行业组织模型起源于产生经济学理论，该模型将行业竞争程度依照行业结构特征进行区分，其指出企业的战略决策和利润受到企业所处的行业结构影响。比如，当企业所处的行业中存在很多竞争者，且各个竞争者之间是处于完全竞争状态时，那么企业所获取的利润可能只是正常利润。但当企业所处的行业存在较大的进入壁垒时，由于行业中的现有竞争者数量是有限的，那么企业可以通过扩大规模、采取成本领先战略获取竞争优势；或者企业采取产品差异化战略，即企业通过为顾客提供具有差异化的产品获取超额利润。受到产业经济学的启发，学者们提出了行业组织研究的基本范式：结构—行为—绩效范式（S–C–P），该范式从行业结构的视角出发，指出企业所处行业的结构决定企业的战略行为，最终影响企业的利润水平。在此基础上，波特将产业经济学的思维模式应用在管理学中，提出了影响行业结构的五种力量（即"五力模型"），他指出行业中包含了潜在进入者、替代品、购买者和供应商以及行业中现有竞争者五大参与者，这五大参与者相互作用并决定了行业的结构特征。按照行业组织模型的逻辑，企业在制定战略决策时应当对企业所处的外部环境进行深入分析，了解行业中存在的机会和威胁，并依据分析选择具有一定吸引力的行业，最终通过开发或是获取其执行战略时所需的各种资源与能力来获取超额利润。图 3.1 是行业组织模型下的战略制定路径。

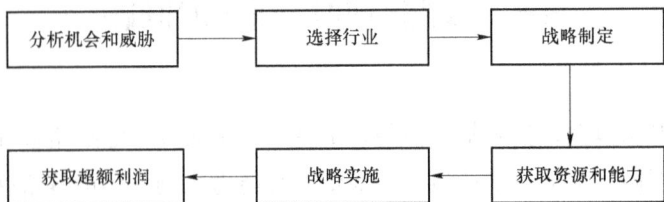

```
┌──────────────┐      ┌──────────────┐      ┌──────────────┐
│  分析机会和威胁  │ ───→ │    选择行业    │ ───→ │    战略制定    │
└──────────────┘      └──────────────┘      └──────────────┘
                                                     │
                                                     ↓
┌──────────────┐      ┌──────────────┐      ┌──────────────┐
│   获取超额利润   │ ←─── │    战略实施    │ ←─── │  获取资源和能力  │
└──────────────┘      └──────────────┘      └──────────────┘
```

图 3.1　行业组织模型下的战略制定路径

行业组织模型强调企业所处的外部环境（特别是行业环境）在企业战略决策制定与实施中的作用，该模型有利于提醒企业决策者关注企业所处环境对企业发展的影响，有利于研究者在后续研究中识别出影响企业战略决策的宏观层面（诸如经济环境、法律法规、社会环境、技术环境等）和行业层面（诸如竞争力度、行业基础设施等）的因素。在企业战略决策领域的研究文献中，多数学者都借鉴了行业组织模型的研究逻辑，他们将行业类型、竞争力度、行业平均绩效、行业动态性、政策环境等环境因素纳入研究模型中。诸如 Tornatzky 与 Fleischer（1990）提出的 TOE（technology organization environment）理论，该理论将环境作为分析企业发展的重要因素。但是，企业作为决策制定与实施的主体，其内部环境（组织结构、资源分布、企业文化等）对企业战略决策的制定与实施也具有非常重要的影响。因此，战略领域的研究者对行业组织模型进行了拓展，将组织方面的微观因素也纳入企业战略的分析模型中。

3.2.2　资源基础模型

资源基础模型是战略管理理论的第二个基础模型。与行业组织模型强调外部环境的重要性不同，资源基础模型认为企业应该从其内部所具备的资源和能力出发，寻找竞争优势的来源。Barney（1991）指出，有价值的、稀缺的、不可模仿的和不可替代的资源与能力是企业可持续竞争优势的来源。其中，有价值的资源能够帮助企业捕捉环境中的机会和应对环境中的威胁；稀缺的资源意味着竞争对手不具有这种资源；难以模仿的资源降低了竞争对手模仿的可能性；不可替代的资源意味着竞争对手无法通过获取相似资源而模仿企业。Prahalad 与 Hamel 从能力的视角出发，指出企业特殊的能力是企业打败竞争对手的核心竞争力以及获取超额利润的来源。根据资源基础模型，企业在制定战略决策时，首先应该根据其所掌握的资源和能力，识别其所具备的优势和劣势；其次，制定有助于发挥企业优势的战略；再次，培养企业战略实施所需要的资源与能力；最后，获取超额利润。图 3.2 是资源基础模型下的战略制定路径。

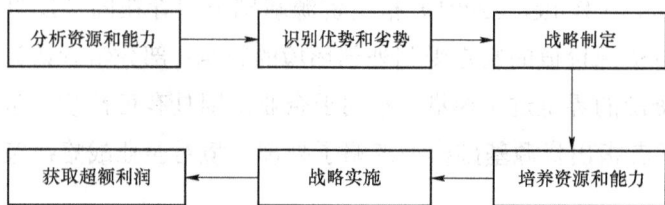

图 3.2 资源基础模型下的战略制定路径

与行业组织模型不同，资源基础模型强调企业内部的资源和能力是企业获取超额利润的主要来源，该模型为企业战略决策的制定者识别何种资源和能力有助于企业获取可持续的竞争优势提供了指导。作为学术研究者探索企业实践的重要理论基础，学者们对资源基础模型进行拓展并进一步探索了知识资源对企业能力积累的重要性、网络资源对企业学习的重要性、动态能力的概念、资源获取的途径等问题。具体而言，学者们对资源基础模型的拓展主要体现在以下三个方面。

（1）在资源基础模型的基础上提出能力理论。该理论将能力看作企业的一种重要资源，为企业决策者认识能力这一特殊资源提供了新视角。能力理论的研究者认为，企业核心竞争力是企业竞争优势的主要来源，他们指出企业应该构建动态能力以应对外部环境的动态变化以及维持企业的竞争优势。

（2）在资源基础模型的基础上提出知识基础理论（KBV）。该领域学者将企业的资源范围扩展到知识领域，他们指出知识是企业的一项重要资源。Kogut 与 Zander（1992）将知识分为信息（information）和诀窍（know-how）两种类型，其中，信息是指能够实现完整转移的知识；诀窍是指能够提高人们做事效率的实践技能和经验，通常是经过日积月累所形成的知识。

（3）在资源基础模型的基础上提出社会资本理论。该领域学者关注企业与其周围组织的关系网络，他们指出企业的各种关系网络是企业有价值的社会资本，这些社会资本有助于企业形成核心竞争力。

任何一个企业都是资源的集合体，企业的成长与发展建立在其对资源的获取与应用上。因此，资源基础模型为研究者提供了一个非常有价值的研究框架，同时为企业提供了认识其自身优势和劣势的分析模型。

资源基础模型虽然在学术界得到广泛应用，但该模型也受到部分学者质疑。Priem 与 Butler（2001）指出资源基础模型存在同义反复的问题，以及人们对资源价值的判定受到外部环境的影响；部分学者认为资源基础模型关于资源的界定过于模糊，不利于企业识别具有可持续竞争优势的资源；也有学者指出资源基础模型忽略了外部环境对企业战略决策制定和实施的影响。

3.2.3　制度理论与合法化

由于制度环境也是影响企业生存与发展的重要因素，战略管理领域的学者将制度理论引入到管理学研究中。制度理论的研究表明，企业所处国家的制度环境特征对企业的决策行为具有重要影响，它决定了企业所处社会网络的形成与发展。

制度环境规定了企业的行为准则，它决定了企业是否具备合法性。合法性是制度理论的重要研究主题，它将企业所处的制度环境特征与企业行为联系到一起，有助于理解不同制度环境下的企业行为。由于企业战略的实施常常会受到来自政府、监管机构的制约，因此合法性不足的企业被市场接受的程度比较低。

合法性对处于经济转型阶段的中国企业来说非常重要。与西方发达国家的企业相比，中国企业经历过长达30多年的计划经济体制。在计划经济体制下，政府在资源分配、项目审批方面具有较大的影响力，并且这种影响力依旧存在于当今的经济转型阶段。因此，与西方发达国家的企业相比，中国企业更加关注政府对企业的认可，诸如许多中国企业积极参加政府主办的公益性活动、向国家捐赠、向政府提供相关的行业报告、担任全国人大代表或是地方人大代表、政协委员等。通过与政府建立稳定的政企关系，企业更容易洞悉到行业发展趋势、政策导向等。因此，具有稳定政企关系的企业更容易在现有制度环境中获得合法性地位。可见，构建政治联结是企业实现合法化的重要途径。另外，许多研究者指出企业政治联结对企业的绩效具有正面作用，具有政治联结的企业更容易获得资源，更容易获得来自政府的各种企业补贴和税收优惠以及广泛的融资渠道等；但也有学者的研究表明，政治联结与企业绩效的关系是负相关的，原因在于企业构建政治联结挤占了企业用于其他战略决策的资源、制约了资源利用率的提高、降低了企业创新产出等，部分学者从资源诅咒的角度分析了这种负相关关系。

由于中国正处于转型经济时期，现阶段中国企业面临两个困境：第一，企业需要借助一定的合法化手段来降低企业运营中的制度障碍；第二，企业需要学习先进的管理知识应对国际化的激烈竞争。制度理论为企业解决第一个困境提供了指导方案，但企业解决第二个困境要求其通过管理学习提升管理水平。另外，鉴于资源的稀缺性，企业如何在有限的资源条件下同时获取合法性和组织管理学习？企业的合法化行为是否会影响其开展管理学习？这些问题亟待学术界展开相关的探索与解答。

3.3　零售行业研究现状

零售行业是服务行业中的典型代表，其国际化进程促进了零售知识在世界范围内的扩散。首先，国际零售企业为了发挥其运营管理的全球化优势以及更好地适应东道国市场，它们向东道国子公司传输母国公司的成功经验；其次，在零售企业跨国经营过程中，国际零售企业的管理知识不断溢出，这为东道国当地的企业带来了获取新知识的机会。与制造行业不同，零售行业的知识溢出以管理知识为主，该类知识具有缄默性特征。这意味着，研究零售行业的知识转移有利于探索管理知识转移机制，这也是本书选择零售企业作为研究对象的主要原因。为深入了解学者们在零售知识转移领域已经开展了哪些研究，本节对国内外相关文献进行了综述。

3.3.1　零售知识的定义

现有文献关于零售行业知识的描述主要采用 retail concept、retail formats、

retail know-how、retailing concepts or techniques 等名词。但上述表示零售知识的名词所显示出的相关概念过于模糊，Cao 与 Dupuis（2009）指出零售概念是嵌入在一定的社会背景中、难以被复制的。

一些学者用零售业态（retail formats）作为描述零售知识概念的名词，他们认为企业引进新的零售业态即是零售企业学习零售知识的行为。诸如 Goldman（1981）将超市作为一种零售业态，分析了该业态包含的具体零售知识元素及其在欠发达国家的扩散过程；Goldman（2001）总结了前人对零售业态（retail formats）的研究，并探究了外国零售业向中国转移零售业态的总体情况，他指出零售业态包含零售门店设计相关的外部知识（offering）和零售系统、程序、文化等内部知识（know-how）。

Currah 与 Wrigley 将零售知识分为基于产品的知识和基于过程的知识，他们认为基于过程的知识是隐藏在零售店面背后的知识。由于基于过程的知识通常嵌入在零售业态之中并具有缄默性特征，因此难以被其他企业模仿。Kacker 也专门对零售知识进行了界定。Kacker 指出，零售知识（retailing know-how）是零售企业在特定环境中所使用的商业概念（business concepts）、运营政策（operating policies）和技巧（techniques），包括管理维度（零售业里概念和哲理、政策/战略、系统与控制）和技巧维度（场址选择、布局和氛围、市场沟通、结账系统、产品目录与信用评价）。由于环境是影响零售知识的重要因素，Kacker 将环境维度作为零售知识的第三个维度。

综上，零售知识是在一定社会背景下产生的、用于指导零售企业经营管理的理念（philosophy）、工具（管理系统、信息技术）和技巧（管理战略、管理方法）。表 3.1 是零售知识概念相关文献。

表 3.1　零售知识概念相关文献

作者	零售知识的概念
汪旭晖（2007）	零售技术（retail technology）表示科技在零售领域的应用，是零售商所采用的系统、方法、程序和技巧，如计算机网络技术在零售企业的应用 零售专业技能（retail know-how）包括零售技术、零售文化以及零售业态

续表

作者	零售知识的概念
Kacker（1988）	零售知识（know-how）包括商业概念、运营政策和技巧，具有三个维度：管理维度、技巧维度、环境维度；但作者同时使用了"零售概念或技巧"
Currah 和 Wrigley（2004）	具有隐性的特点，嵌入在业态（retail formats）中的经验类的知识难以转移
Goldman（2001）	研究业态（format）的转移，业态是指转移的实体，包括形式（offering）和知识（know-how）
Goldman（1981）	将超市作为一种零售技术（指出了其中包含的各种元素）
Cao 和 Dupuis（2009）	零售概念嵌入在其所产生的历史背景中，难以被复制
Wang（2011）	指出引进新的业态（format）

3.3.2　零售企业学习渠道

零售企业的知识获取渠道分为两大类：从企业自身经验中学习；从其他企业的经验中学习。Palmer 与 Quinn 将零售企业从自身经验中学习进一步分为四种学习路径：纵向知识扩散、反向知识扩散、接收性学习、外部性学习，其中接收性学习和外部性学习都是指企业从与竞争对手、相关机构等外部企业接触过程中进行学习。该领域的研究表明，企业能够从过去的经验中获取知识，并形成竞争优势。Kacker 则聚焦于企业从其他企业的经验中学习零售知识的行为，他将零售知识分为管理维度知识和技巧维度知识，并指出企业可以通过观察、参加研讨会及相关会议、外国直接投资、特许经营等方式获取管理维度的外国零售知识，以及通过外国直接投资、合资企业、管理合同、特许经营、教育和培训等方式获取技巧维度的外国零售知识。该领域的研究表明，企业需要建立开放式学习与创新机制，以快速获取外部最佳实践。

在知识经济时代，通过建立有效的学习渠道来获取外部的最佳实践经验是企业应对经济全球化和国际竞争的关键。

3.3.3　零售企业学习方式

零售企业的学习方式，可以从多个维度进行区分。根据学习过程中知识内容的改变程度，东道国外资企业学习母国公司知识的方式可以分为适应性学习和创造性学习；根据零售企业所学知识在企业内部传播的方向，还可以将零售企业的学习方式分为自下而上的学习和自上而下的学习。

企业的学习效果不仅受到企业学习方式的影响，还会受到知识传播方企业的传播机制与模式的影响。诸如外国零售企业在东道国所采取的知识传播机制和模式不同，会影响东道国零售企业的学习过程。

一般而言，外国零售企业进行知识传播时主要采用两种机制：一种是基于计划、特定意图的传播机制，该机制主要分为完整知识内容的转移、大范围改变知识内容后的转移、改变很少知识内容后的转移、改变部分知识内容后的转移四种模式；另一种是无计划的、偶然性扩散的传播机制。当外国零售企业所采纳的知识传播机制不同时，东道国合资企业及本土企业对先进知识的学习效果也会有所差异。当外国零售企业基于计划、特定意图开展知识传播时，东道国零售企业的学习效果取决于外国零售企业知识转移的战略意图。当外国零售企业采纳无计划的、偶然性扩散的传播机制时，东道国零售企业的学习效果取决于其学习策略。表 3.2 是零售企业学习的方式和机制文献。

表 3.2　零售企业学习的方式和机制文献

作者	研究要点
汪旭晖（2007）	认为零售专业技能由零售技术、零售文化以及零售业态三部分构成，而每一部分又可以分解成固化性与操作性两个层面，固化性层面在跨国转移过程中应该进行标准化的复制，而操作性层面则可以进行不同程度的本土化调整
Jonsson（2008）	关注宜家总公司向在俄国、中国和日本的分公司学习，文章从跨国视角分析知识的多重流动
Palmer 和 Quinn（2005）	依据国际化的过程，将学习分为两类：适应性学习（通过试错和组织搜寻）、创造性学习
Kacker（1988）	将零售知识（retail know-how）的国际流动分为两类：未经计划的扩散；经过计划的传播

作者	研究要点
Currah 和 Wrigley（2004）	知识转移的两种机制：自下而上（bottom-up learning）；自上而下（top-down coordination）
Goldman（2001）	指出存在四种转移方式：完整性转移；大范围改变性转移；改变很少后转移；改变一些后转移
Cao 和 Dupuis（2009）	位于中国的国际零售业子公司向母公司学习
Gamble（2003）	文章研究的是位于中国的合资零售业，其人力资源实践从母公司转移至中国的程度
Gamble（2010）	分析日本人力资源方面的实践知识向中国分公司的转移，研究母公司与跨国子公司之间的知识转移，指出子公司并不是完全采纳母公司的知识

3.3.4　影响零售企业学习的因素

目前，关于零售企业学习领域的研究主要关注东道国外资公司向其母国公司学习新知识的过程，因此，文献中所反映的影响因素主要指影响东道国外资公司学习其母国公司的因素。

表 3.3 是东道国零售企业学习外国母公司零售知识的影响因素，该表显示出主要影响因素包括母国公司因素、东道国子公司因素、市场因素、东道国因素、管理知识因素。可见，企业开展管理学习是一项复杂的战略过程，受到企业内外部多重因素的影响。因此，企业的管理学习绩效是多维因素共同作用的结果。

表 3.3　东道国零售企业学习外国母公司零售知识的影响因素

一级	二级	三级	详细
母国公司因素	战略	扩张战略	与企业国际化扩张方向有关；与决策的动力和时机有关；与股东变化有关；与全球定位和全球化战略有关

续表

一级	二级	三级	详细
东道国公司因素（外资子公司）	企业文化	文化理念	合并后企业的文化冲突； 不同地区社会参与者的影响； 企业间讨价还价的过程
	企业战略	是否地方性创新	
	产品	提供的产品	
东道国公司因素（外资子公司）	配套设施	先进知识的配套技术、系统人员投入企业制度安排	供给方面：供应商的信赖、产品质量、产品可获得性； 供方方面：基础设施；人力、商店设备、能够带来规模经济和缩短渠道的制度安排
市场因素	顾客购买力	顾客购买力	顾客方面：购买力、偏好、流动性； 需求方面：从引进新技术为顾客带来的收益和成本分析，顾客因为交通成本高的原因偏向于选择传统零售商店
	顾客偏好	顾客偏好	
	顾客价值	顾客的成本、收益	
东道国因素（环境因素）	社会文化	社会文化环境	传统零售企业的反应； 顾客和交易抵制带来的公共政策制约； 经济发展阶段、公共政策、有一定教育背景的人群； 严格的法律和规定，技术和法律基础设施，政府干预，缺乏足够的零售用地
	经济	经济环境转型经济特征	
	法律、政策	法律环境公共政策	
	技术	基础设施（技术和法律）	
管理知识因素	属性	知识的固化层面和操作性层面	固化性层面知识容易复制，而操作性层面知识需要本土化调整； 零售概念嵌入在历史背景中，难以复制
	社会嵌入性	知识的社会嵌入性	

　　上述文献分析表明，国际零售企业之间存在广泛的知识转移。从知识转移的内容来看，企业之间所转移的知识以非技术类知识为主，同时包含辅助零售企业实施管理的技术类知识（如信息技术）。结合第 2 章对管理学习领域文献的分析，本书认为国际零售企业之间转移的知识主要是管理知识，与该类知识相关的学习行动被称为管理学习。因此，本书选择零售企业作为企业

实务分析对象，有助于深入地探索企业界的管理学习现象。

3.3.5　中国零售企业的研究现状

为进一步了解中国国内零售企业的相关研究现状，本节对以中国国内零售企业为研究对象的文献进行了综述分析。表 3.4 是中国零售企业的相关研究文献。

表 3.4　中国零售企业的相关研究文献

作者	主要问题	方法	样本
Sternquist 等（2010）	中国零售商市场定位的影响因素有哪些	企业访谈	中国零售采购员和经理人员
Lo 等（2001）	中国超市发展中的问题与未来	概念讨论	中国超市
Kshetri（2008）	中国特殊的资本主义和社会主义混合体系如何影响中国企业的市场定位	统计分析	—
Frumkin 等（2006）	美国零售商进入中国中等品牌市场的战略	统计分析	在中国的外资零售企业
Johansson 等（2009）	宜家在中国如何发展	访谈	宜家中国
Kwan 等（2003）	中国服装业的宏微观环境	定性分析	中国服装业
Cambra Fierro 和 Ruiz Benitez（2011）	家乐福成功的关键是什么	案例研究	家乐福在西班牙和中国的子公司
Chuang 等（2011）	跨国公司在中国如何发展	案例研究	家乐福和沃尔玛中国子公司
Liu（2007）	三年转型期之后，中国的零售行业的发展及战略	访谈	不同形式零售商的负责人、政府规划办公人员及主流报纸的主编
Siebers（2012）	影响外国零售商在中国扩张的因素是什么	案例研究	沃尔玛、家乐福、麦德龙、乐购等
Hingley 等（2009）	国内外零售商是如何提高市场份额的	案例研究	沃尔玛、物美超市、京客隆等

作者	主要问题	方法	样本
Zhu 等（2008）	中国零售商的信息技术如何	企业访谈	139 家中国零售商
Mai 和 Zhao（2004）	零售行业的市场需求特点是什么	问卷调查	位于北京的超市
Li 等（2010）	中国零售商成功定位的关键是什么	统计分析	北京、上海、广州、天津、南京、武汉、成都、深圳、重庆、济南和青岛等地的20家超市
Elg 等（2008）	跨国零售商如何取得成功	案例研究	宜家中国与俄罗斯子公司
Yu 和 Ramanathan（2012）	如何处理商业间的关系	统计分析	中国零售企业

研究发现，学者们对中国零售企业的研究主要包括以下四方面。

1. 外资零售企业在中国的发展

随着中国改革开放政策的实行，沃尔玛、家乐福、乐购、麦德龙、宜家等国外优秀的零售企业加快进入中国零售市场，这极大增加了国内零售企业之间的竞争强度。外国零售企业虽然具有规模化、国际化及先进管理水平等诸多优势，但中国特殊的环境给外资零售企业母子公司之间的知识转移带来了挑战。

Frumkin 等指出外国企业要综合考虑中国的人口、经济、文化和技术环境等因素对其进入中国市场的影响。中国在人口、经济、文化和技术环境方面的特殊性，致使跨国公司在进入中国市场时不能简单复制它们在其他国家与地区的经验，而必须根据中国市场的实际情况制定战略。Cambra-Fierro 与 Ruiz-Benitez 通过对家乐福在中国和西班牙的子公司进行案例研究发现，由于中国市场与西班牙市场在社会文化和居民消费行为上存在差异，家乐福并没有将其在西班牙的成功经验简单复制到中国市场。该研究进一步指出，为应对中国基础设施不能满足零售行业供应链需求这一问题，家乐福通过采纳灵活的采购方式、规范的仓储管理、低价战略、非集权式治理方式、市场营销战略等进入中国零售市场。因此，因地制宜是跨国零售企业能否在东道国市场顺利发展的关键。Johansson 与 Thelander 对宜家的研究也验证了因地制宜的重要性。

综上分析，对于跨国公司而言，它们的海外子公司在中国市场上所面临的最大挑战在于了解中国的本土文化、适应中国的国情、民情，进而采纳适应中国市场需求的管理实践。

2. 中外零售企业的优劣势

鉴于中国市场的巨大潜力以及较低的资源和劳动力成本，大量国外零售企业将中国作为其海外扩张的主要目标市场。在中国政府的引导与支持下，中国本土企业也逐渐走向成熟，并与国外优秀的跨国公司展开了激烈的竞争。

Liu 通过对不同零售业态企业的负责人、政府规划办公人员等访谈，发现国内和国际零售企业都具备一定的优势和劣势。她指出，跨国零售企业虽然在资金实力、管理能力、现代化设备等方面领先于中国本土零售企业，但它们在东道国面临学习困境、基础设施发展滞后、政府政策和商业文化约束等问题；而本土零售企业虽然在规模、资金、管理上无法与外资零售企业相比拼，但它们熟悉国内制度环境、社会文化以及消费模式等，且可以通过学习与创新将其关于市场和消费者行为的经验知识转化为竞争优势。Chuang等对家乐福和沃尔玛中国子公司的研究也证明了中国零售企业与外资零售企业都存在一定的优劣势特征。

3. 中外零售企业的学习机会

虽然中国本土零售企业与跨国公司之间存在激烈的竞争，但是双方应将着眼点放在制定互相学习的发展战略上，关注如何实现共同发展。

首先，面对激烈的市场竞争，本土零售企业要提高学习国外最佳管理实践的意识。诸如，随着信息技术逐渐成为一种重要的管理工具，中国零售企业需要向外资零售企业学习其对信息技术的使用经验，以提高自身的信息化管理能力。外资在中国市场的迅速扩张，为中国本土零售企业通过引进先进零售知识来提高企业员工的工作能力以及企业的整体管理水平提供了宝贵机会。

其次，外国零售企业在东道国也面临大量的学习机会，它们应该学习并了解东道国市场特征、加强与当地伙伴的联系、开发有助于母子公司知识转移的培训项目、制定本土化战略等，进而更快适应东道国市场环境。

此外，中国目前处于转型经济时期，该时期的市场环境和顾客需求存在很大的变动性，故中外零售企业应该密切关注市场需求的变动趋势以及掌握影响顾客购买决策的因素。

4. 国内零售企业的主要实践

通过在中国知网上检索零售业领域的相关文献，得到大量学术类和非学术类文献，这些文献在一定程度上反映了中国零售业发展中出现的最新零售实践。表 3.5 显示了基于文献分析的零售知识分类，主要包括战略层面、理念层面、信息技术层面三大类。

表 3.5　基于文献分析的零售知识分类

战略层面	理念层面	信息技术层面
特许经营扩张战略 区域发展战略 业态定位策略 风险扩张	供应链管理 电子商务 单品管理	现代物流技术：电子数据交换技术、事务处理系统、商业信息系统、数位化技术等
选址策略 精确的品牌定位 本土化策略 定价策略	实时制物流 服务理念 细节管理 "以顾客为中心"的现代经营理念 信息化管理 洋快餐的店面管理	商业决策支持系统 商品供货系统 电子商务网络系统 市场营销管理系统 有效消费者反映系统 人工智能、条形码等信息技术

由表 3.5 可知，中国零售企业广泛采用的零售实践知识主要源于国外零售企业的经验。可见，中国零售企业正在积极向国外零售企业学习先进知识。

与技术学习强调技术知识不同，零售企业之间的学习内容以管理知识为主。国内外零售领域的研究成果显示，国内外零售企业之间存在大量管理学习现象，并且已有研究聚焦于跨国子公司与其母公司之间的管理学习现象。在国外零售企业的已有研究中，学者们普遍认为零售行业是一个知识溢出效应非常明显的行业，诸如国际知名零售企业的实践经验通常会被来自各个国家零售企业模仿。在中国零售企业的已有研究中，部分学者虽然指出中国本土零售企业受到来自发达国家零售企业知识溢出的影响，以及中国零售企业积极向国外零售企业学习先进知识（诸如信息化管理方式），但这些研究多是研究者采用访谈和案例方式进行的浅层次探索性研究，研究成果缺乏对其中管理学习问题深层次反映。

3.4　理论分析内容要点与框架

3.4.1　理论分析内容要点

　　管理学习是企业获取和积累先进管理知识的重要途径，是一个受到多重因素作用的复杂学习过程。根据吸收能力理论，企业获取、理解、消化和应用新知识的过程受到多种因素的影响，因此企业需要根据环境的变化而对其学习的目标、方式进行调整。鉴于管理学习是一个新兴的研究领域，本书结合战略管理领域的基础理论与管理学习领域的已有研究成果，梳理并提炼了管理学习领域的三点研究机会。

　　第一，管理学习是企业学习领域研究的蓝海。技术学习领域目前已经取得了较为丰富的研究成果，能够为企业认识技术学习与技术能力、创新绩效、企业经验绩效的关系提供理论解释，并能够为企业合理选择技术学习途径、识别影响其技术学习过程的主要因素提供指导。然而，随着管理能力逐渐成为企业核心竞争力的关键内容，企业开始积极投入资源引进、学习管理知识，但是学术界对企业管理学习领域的研究十分有限。诸如"如何更好地开展管理学习、影响企业管理学习的关键因素有哪些"这些企业实践问题有待学术界展开深入分析与讨论。

　　第二，学术界缺乏对企业高管所构建的管理类知识联结的讨论。企业高管网络资源领域的现有研究成果中，学者们主要聚焦于高管与其他公司建立的商业联结以及高管与政府机构建立的政治联结，却忽视了企业高管所构建的管理知识方面的联结。随着经济全球化的推进，越来越多企业开始关注管理对其全球化扩张的重要性，这致使管理类知识逐渐成为企业学习的重要内容。管理知识联结作为企业重要的网络资源，其有助于企业获取外部管理知识。因此，学术界有必要探索企业高管的管理类知识联结与企业管理水平的关系，进而为企业开展管理学习、改善管理水平提供经验借鉴与指导。

第三，学术界缺乏有关合法性对企业负面影响的讨论。政治联结有助于企业获得合法性，但是过度构建政治联结将占用企业大量的资源，进而不利于企业的发展。政治资源诅咒便证实了政治资源对企业发展存在负面作用，但学术界关于这种负面效应的探讨多从资源挤占、企业绩效等方面展开，缺乏关于"政治联结影响企业长期发展"的深入解析。从政治联结影响企业学习过程的视角来解释政治联结对企业的负面影响，有助于企业决策者认识政治联结对企业发展的具体作用机制。政治联结对企业的管理学习存在以下潜在影响。首先，管理学习是企业的一项重要战略决策，它需要企业配置足够的人力资源、资金资源以及物质资源，但政治联结挤占了企业投入在管理学习上的资源。由于企业资源是有限的，企业政治联结所造成的资源挤占效应减少了企业配置在管理学习上的资源，从而制约了企业管理学习绩效的提升。其次，由于政治联结能够提高企业的合法性地位，进而可能致使企业产生学习的惰性。诸如国有企业、大中型企业在行业中通常都具有较高的合法性地位，但长期的合法性地位减弱了它们学习与创新的动力，进而不利于这些企业管理学习绩效的提升。

结合管理学习领域存在的研究机会，本书关于管理学习领域的理论分析内容主要涉及以下四点。

1. 管理学习的主要模式

依据学习理论和吸收能力理论，本书介绍了中国零售企业苏宁的管理学习实践经验，从学习的目标、内容、行为表现以及学习机制等方面探索苏宁管理学习的主要模式。

2. 影响管理学习绩效的因子模型

依据行业组织模型、资源基础模型、制度理论等，本书介绍了中国零售企业所处的宏观环境、中观环境、企业内部环境以及中国零售企业管理学习涉及的知识属性，并进一步梳理了中国五家零售企业的管理学习实践经验以及影响这些企业管理学习的主要因素（驱动性因子、制约性因子、响应性因子和知识因子)。

3. 管理学习与企业绩效之间的关系

为探究管理学习如何影响企业绩效，本书首先介绍了中国零售企业全要素生产率及其分解值，将其中的纯技术效率作为企业管理学习绩效的衡量指标，并进一步解析了中国零售企业管理学习绩效近些年的整体变化。其次，基于中国零售企业的实证研究结果，本书详细介绍了中国零售企业管理学习绩效与企业经营绩效之间的关系。

4. 关键因素与管理学习关系的实证检验

结合资源基础模型、制度理论、学习理论和吸收能力理论，本书详细梳理了企业层面的关键因素与企业管理学习绩效之间的关系，具体涉及以下因素对企业管理学习绩效的影响。

（1）管理知识联结。中国企业的现代化过程是中国企业学习先进管理理念、工具、技巧的过程，该过程中，中国企业通过构建与现代管理知识相关的各种联结提高了企业对新理念、技巧、工具的理解和应用。企业构建管理知识联结的过程，提高了企业对新知识解码和再编码的有效性，因此有助于企业改善管理学习绩效。

（2）政治联结。中国的制度环境处于转型时期，该时期的制度环境特征将会影响中国企业的学习行为。从合法性视角分析制度环境与中国企业管理学习之间的关系，是该部分的切入点。企业通过构建与国家政府机构或地方政府机关的联结获取合法性，但这同时减弱了企业管理学习的动力。

（3）管理知识基础。根据组织学习理论，相似的知识基础有助于企业消化和吸收新知识的中国零售企业在学习国外先进管理知识的过程中，其自身所积累的现代化管理知识基础有助于其理解、消化、吸收和应用先进管理知识。

（4）吸收能力。吸收能力是指企业或组织获取、理解、消化、吸收和应用新知识的能力。企业的吸收能力是影响企业学习新知识的重要因素。吸收能力强的企业能够更好地获取、理解、消化、吸收和应用新知识，故企业的吸收能力影响企业对新知识的学习情况。

本书基于中国零售企业的实证检验结果，详细介绍了上述关键因素与管理学习绩效之间的关系。

3.4.2 理论分析框架

基于对战略管理领域以及管理学习领域的相关理论分析,绘制出如图 3.3 所示的理论分析框架。

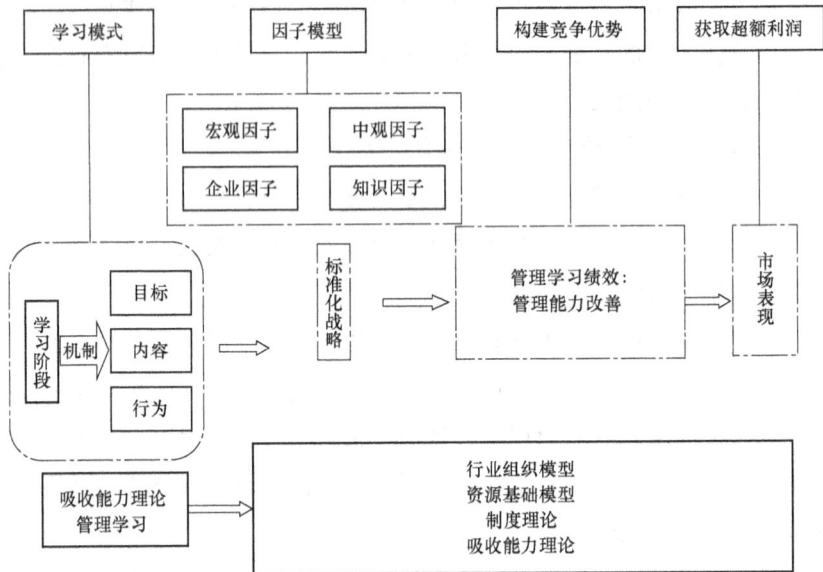

图 3.3 理论分析框架

该理论分析框架显示出本书的两大特征。

第一,本书各部分内容建立在管理学理论基础上。

首先,依据行业组织模型,企业所处环境中的政治、经济、法律、社会、行业等因素对企业发展具有重要影响,本书从宏观环境和行业环境的视角介绍了各要素对案例企业管理学习的影响。

其次,依据制度理论,制度环境是经济发展的重要影响因素,也是企业生存和发展的重要外部环境。中国现阶段制度环境主要表现出以下三点特征。① 由于中国处于转型经济时期,该阶段中国的法律体系、各个行业规章制度、基础设施等也处于一个逐渐转变和积累的过程,因此中国企业所处的制度环境具有高动态性特征;② 中国作为新兴经济体,信息技术等新生产要素的出现催生制度环境出现新的特征,这给政府构建相关约束与监督机制带来新挑战;③ 中国经历了长期的计划经济时代,并形成了通过资源配置、价格控制、税收政策等方式影响企业行为的管理模式。在此背景下，政治联结成为影响企业发展的重要政治资源，有助于企业获取有利资源、优惠政策、提高企业与环境的契合性。鉴于中国制度环境的上述特征，本书介绍了政治联结对企业管理学习成效的影响机制。与以往学术研究中关注政治联结的积极作用不同，本书对企业所建立的政治联结进行了分层处理，并着重介绍了企业政治联结所引致的合法性惰性。

再次，依据资源基础模型，有价值的、稀缺的、难以模仿的、不可替代的资源是企业竞争优势的来源，是企业获取租金的前提与基础。管理资源（managerial resources）是管理者技术（skill）和能力（capability）的集合，是企业通过资源配置获取租金的关键。管理租金模型显示，企业应该通过积累管理资源为企业长期发展提供资源支持。管理知识联结是企业通过高管兼职构建的现代化知识网络资源，对企业获取租金尤为重要。因此，本书在构建影响中国零售企业管理学习绩效的因子模型时，从资源的视角介绍了企业所积累的相关知识以及其他资源对管理学习绩效的影响。在资源基础模型基础上，本书着重介绍了企业所建立的其他联结对企业管理学习的重要影响；另外，依据学习理论中知识基础与企业学习绩效之间的关系，本书着重介绍了企业所建立的管理知识联结与企业管理学习绩效之间的关系。

另外，根据吸收能力理论，企业对新知识的获取、理解、消化和应用受到其吸收能力的影响。由于管理知识嵌入在企业实践之中，该类知识以隐性为主，这增加了企业从外部获取该类知识的难度。当企业吸收能力较低时，其很难将外部的管理知识转移到企业内部。鉴于此，本书应用案例研究法与大样本实证检验方法对吸收能力的作用机制进行了解析与介绍。

最后，依据能力理论，探讨管理能力与企业绩效的关系。基于能力理论，本书认为企业的竞争优势来源于其不可被模仿的能力。由于企业通过管理学习改善管理能力，有助于企业形成有价值的、稀缺的、难以模仿的、不可替代的软实力，因此，管理能力能够为企业带来竞争优势。鉴于此，本书介绍了管理学习的绩效（即管理能力）与企业绩效之间的关系。

第二，本书的内容结构安排呈现出四个特点。

（1）通过对企业管理学习阶段的划分，本书从整体上梳理企业管理学习的目标、内容、行为、机制，以实现对企业管理学习行为的结构性认识。

（2）依据相关理论，本书梳理影响企业管理学习的主要因素，并通过构建影响因子模型以实现对关键因素的解构与分析。

（3）企业管理学习最终带来管理水平的提升，具体体现为客户及售后管理、供应链管理、商品管理、门店管理、信息化管理等五个方面企业能力的提升。企业通过管理学习构建上述五大能力时，其学习行动主要表现为对管理主客体的标准化。因此，本书进一步梳理了企业管理学习的标准化战略行动。

（4）鉴于企业管理学习目的在于改善企业绩效，本书结合经济学研究方法和全要素生产率测算指标对企业管理学习的绩效及其相关影响因素的作用机制进行了大样本实证检验。

3.5　对管理学习研究领域的启发

通过对战略管理领域基础理论的回顾，可以发现，企业学习新知识的过程是循序渐进的，这种循序渐进的过程表明企业管理学习的内容、途径、机制等维度处于不断变化之中，这意味着企业的管理学习过程具有较强的动态性。另外，战略管理领域中的基础理论表明，学习是企业一项重要的战略决策，受到企业内外部多重因素的影响，诸如企业外部的宏观环境因素、行业环境因素、制度环境因素以及企业内部的资源与能力因素、管理知识的特征等。影响企业管理学习的内外部因素决定了企业对知识的获取、消化吸收以及应用情况，即关系到企业管理学习绩效。管理学习的绩效体现为企业管理能力的提升，这又会影响企业的经营绩效。

战略管理领域中的基础理论为解答中国零售企业的管理学习问题提供了理论基础，为探究影响企业管理学习的关键因素、作用机制提供了研究思路和理论支撑。

实践篇

第 4 章

管理学习的模式——来自中国苏宁的实践

4.1 如何选择管理学习模式

所谓管理学习模式，是指企业开展管理学习时所采取的学习方式。在现实中，人们能够观察到这些现象：不同企业所采取的管理学习模式不同，同一个企业在不同学习阶段所采取的管理学习模式也不同。那么，企业如何正确选择管理学习模式？了解不同管理学习模式的特征有助于企业选择合适的学习模式，进而提高企业的学习绩效。本章以苏宁作为调研对象，通过介绍苏宁的管理学习模式来展开关于企业管理学习模式的讨论。首先，根据苏宁在管理学习中表现出来的阶段性特征，本章将管理学习的过程划分为导入期、模仿期和深化期三个阶段。其次，本章构建了中国零售企业管理学习模式的选择模型，并分析了企业在不同学习阶段所对应的管理学习模式。

4.2 苏宁公司的调研

4.2.1 管理学习的模式有哪些

本章关注的研究问题是：中国零售企业开展管理学习的模式有哪些？该问题可以分解为两个小问题：①企业如何分阶段开展管理学习？②企业在每一阶段所采纳的管理学习模式有何不同？

4.2.2 调研方法与过程

1. 收集企业资料

案例研究法有利于研究者获取研究对象丰富的数据资料，帮助研究者通过分析现象获取事物的本质规律。鉴于此，本章采用案例研究法中的单案例研究方法，通过对苏宁的管理学习实践进行跟踪研究，梳理苏宁管理学习过程中表现出来的阶段性特征、学习路径。

案例研究法是研究者通过科学的分析步骤对所选择的一个或多个案例进行分析并获得研究结论的一种实证研究方法。根据案例研究的目标，案例研究方法可以分为探索性案例研究、描述性案例研究和因果性案例研究三种；根据研究样本的数量，案例研究方法可以分为单案例研究和多案例研究。与其他研究方法相比，案例研究方法具有以下两个特点：①案例研究方法有助于研究者对案例对象进行厚实的描述，进而对案例对象发展的动态过程进行整体上的把握；②案例研究方法能够避免研究者对事件的操控，进而便于保留事件的整体性和意义。鉴于以上两点，案例研究方法更适用于研究者对新兴研究领域的初期探索。

目前，案例研究方法在学术界逐渐得到学者们的重视并且该方法的应用领域越来越广泛，但由于案例对象选择的难度较大以及案例研究过程与结果在客观性上尚未在学术界和企业界达成共识，因此，案例研究方法的使用仍然存在一定局限性。为推动案例研究方法的应用，针对案例研究过程中可能出现的问题，学者们通过设计科学的研究过程以及从构念效度、内部效度、外部效度和信度四个方面提高案例研究结果的可靠性。

根据中国连锁经营协会网站上提供的零售行业排名名单，本章选取苏宁作为研究案例。选择苏宁作为研究对象的具体原因有以下四点：第一，苏宁是中国本土零售企业开展管理学习的典型代表，苏宁积极向国外零售巨头学习先进知识，其管理学习历程较国内同时期的其他零售企业而言更加完整；第二，苏宁的高管（特别是创始人张近东先生）积极推动企业对先进管理知识的引进与吸收，并积极为苏宁的管理学习实践进行宣传；第三，市场上存在大量有关苏宁管理学习行为的公开资料，有助于研究者收集管理学习相关的材料并追踪苏宁的管理学习历程；第四，苏宁获得了显著的管理学习成果，主要体现为其在管理信息系统的构建方面、从传统企业向互联网企业转型方面，以及其通过改善企业管理能力赶超竞争对手等，这有助于研究者通过总结苏宁管理学习的成功经验并为国内其他企业提供经验借鉴与行动指导。鉴于以上诸多原因，选择苏宁作为案例调研对象既能够为研究的开展提供丰富的数据资料，又有利于研究者从案例企业长期的学习历程中观察、追踪企业管理学习的主要阶段、特征及模式。

为保证案例研究的构念效度，本节采用三角测量法进行数据收集，具体通过实地考察、人员访谈、企业官网、新闻报纸、书籍、文献等多种数据来源获取苏宁的数据资料，进而实现不同来源数据之间的相互印证。考虑到二手数据有助于研究者对案例对象历史资料的获取与分析，本节采用了大量的二手数据资料，这有助于避免研究人员和参与者在数据收集过程中因主观原因而造成数据不够客观；另外，只要二手数据的来源不同，研究者可以通过依据三角测量原理保证数据资料的质量。在组织领域与战略管理研究领域，许多学者运用二手数据开展了非常优秀的研究。

鉴于上述分析，本书采用规范的案例研究方法，表 4.1 是数据来源及主要信息。

表4.1　数据来源及主要信息

数据来源	主要信息
上市公司年报	公司发展历程； 公司绩效； 公司主要变革； 引进各项管理知识的时间、途径及进程、成效
书籍： 孙静（2011）；成志明（2010, 2011）；段传敏（2008）；李东（2009）	张近东对管理学习进程的推动； 苏宁在信息化管理、组织管理等方面的学习事件； 苏宁管理能力提升的主要途径； 苏宁连锁化发展历程
中国知网数据库文献	苏宁的转型； 苏宁的商务模式、电子商务发展； 苏宁的发展战略； 苏宁对外资企业的学习与借鉴

数据来源	主要信息
高校财经数据库（China InfoBank）	苏宁发展中的重要事件； 苏宁与咨询公司、高校、供应商合作的信息； 苏宁学习与引进国外知识的相关报道； 苏宁最新讯息
领导者的访谈录（中国经营报等）以及公司高管的讲话稿、发表观点的文章	苏宁管理的特色、从传统模式到精细化管理模式的转变； 苏宁的发展战略； 苏宁电子商务发展的模式； 苏宁的物流系统的建设与完善等； 苏宁 O2O 发展布局
企业网站	企业简介； 企业发展历程； 苏宁月刊； 电子商务网站运营的情况：产品分类、网页设计、客服、物流等
其他（联商网、中国连锁经营协会网站、超市网等，以及店铺调研、购物体验）	综合性的信息

2. 分析思路

根据吸收能力理论，企业对知识的学习可以分为知识的获取、理解、消化和应用等阶段。在管理学习的初期，企业首先要解决的问题是：如何从纷繁的知识中识别出对企业发展有价值的知识，并在企业可承受的学习成本范围内以一定的方式将其引入企业内部。企业管理学习的第一步是知识的导入，企业在该阶段引入先进的管理知识，其目的在于通过应用新知识提高企业的管理能力。企业管理学习的第二个阶段是理解和消化新知识，即企业开始推动新知识在企业内部的扩散与传播，提高内部员工对新知识的理解和消化，从而降低企业进行管理转型的阻力。管理学习的第三个阶段是知识应用，企业通过应用新的管理知识推动企业管理方式的变革，最终实现企业管理能力的提升。在管理学习的三个阶段中，第二个学习阶段强调企业对现有规范、知识的扩展和完善，第三个学习阶段强调企业寻求和发现新的知识、技术等。鉴于以上分析，企业开展管理学习的过程可以大致分为知识的获取、理解和消化、应用三个阶段。

在管理学习的不同阶段，企业开展管理学习的方式和在管理学习上的资源投入都是不同的。在管理学习的初期，企业的管理学习通常以简单的模仿学习为主，学习内容主要是外资企业在中国市场上所体现出来的显性管理知识部分，诸如本土企业通过观察外资企业学习模仿其管理实践。在该阶段，示范效应是管理知识溢出的一个重要途径，本土企业在标杆企业的示范效应影响下开展管理学习。然而，随着企业管理学习进程的推进，企业从获取新知识发展为应用新知识的学习阶段。在管理学习的应用阶段，企业管理学习的主要目标是理解和应用新知识，而该学习目标要求企业投入更多的资源来支撑企业的管理学习行动。因此，企业的学习目标随着其学习阶段的演进而不断变化，企业为了实现各个阶段的目标需要采取不同的学习方式。具体而言，管理学习的方式通常分为正式学习机制和非正式学习机制。其中，正式学习机制包括中外合作、中外合资、许可证等，非正式学习机制包括参加研讨会、雇用其他公司人员等。

鉴于以上分析，本节构建了如图 4.1 的理论框架。

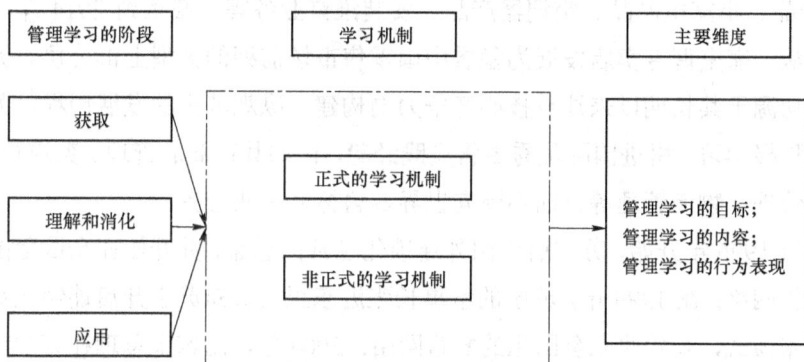

图 4.1　理论框架

结合该理论框架，本章中案例企业分析包括三个步骤。

第一，对初始数据进行整理，梳理苏宁管理学习的主要阶段与事件，并构建案例企业的数据库。

第二，分析数据资料，并撰写单案例研究报告。对所提取的管理学习事件作深入分析，从管理学习的主要阶段、学习机制、学习目标以及内容等方面开展系统分析，并撰写案例企业的单案例研究报告。

第三，结合战略管理以及管理学习领域的已有研究成果，对案例企业的关键事件进行深入挖掘，最终梳理得到案例企业管理学习模式选择的经验。

4.3　苏宁的管理学习模式

4.3.1　管理学习的历程

苏宁于 1990 年在南京成立，以一家空调专卖店起家，董事长兼创始人为张近东先生。截止到 2014 年年底，苏宁共有连锁店 1 696 家，在中国大陆有连锁店 1 679 家；在日本有 17 家。其中，连锁店类型包括旗舰店、中心店、社区店、县镇店、红孩子店、超市店和乐购仕店，所涉及的市场主要分为四级，分别为副省级以上城市、地级市、县以及县级市或远郊区、镇级城市，苏宁的主营业务涉及彩电、音像、碟机、冰箱、洗衣机、通信产品、数码及 IT 产品、小家电产品、空调器产品、安装维修业务等。截止到 2014 年，苏宁已从一家空调专卖店发展为稳居中国零售市场前列的大型上市公司。苏宁的成功源于其长期以来注重核心竞争力的构建。纵观苏宁的发展历程，苏宁一直积极学习、引进国际优秀零售实践经验，诸如其在商品管理、渠道管理、客户管理、物流管理等方面不断向世界零售标杆企业看齐。

自 1996 年开始，苏宁引进国外连锁化经营的思想，并开始在全国范围建立零售网络；在 1999 年，苏宁的董事长张近东正式宣布苏宁开启连锁化经营的扩张模式，开始建立全国化的零售网络；2004 年，温家宝总理在苏宁考察时，他提出希望苏宁能够成为中国的沃尔玛，苏宁开始将沃尔玛作为其对标学习的对象。随着市场规模逐渐扩大，提升管理能力成为苏宁实现可持续发展的关键。为改善管理水平，苏宁以国际先进的零售企业沃尔玛、百思买、亚马逊等为学习对象，开始积极引进信息化的管理系统、精细化的管理模式、会员管理制度、客户管理系统、自营模式、电子商务模式等国际最佳零售实践经验。纵观苏宁的发展历程，其管理学习过程主要分为了三个阶段：导入期、模仿期、深化与创新期。

1. 导入期

在管理学习初期，苏宁主要通过参观、考察国外先进零售巨头及相关企业了解先进管理知识对企业国际化发展的重要性。2001 年，苏宁董事长张近东参观日本松下集团，并开始引入股权激励机制。在实施股权激励机制时，张近东向松下集团的创始人松下幸之助学习其社会化的管理方式，他不断稀释自己在公司的股权，并将公司的所有权转交给更多的员工和社会公众。2003 年，苏宁启动了"千名维修技术蓝领工程"项目，并组织员工学习《西点军规》一书以提高员工对西方管理思想的理解与认识。2005 年，苏宁董事长张近东带着公司高管团队参观、考察欧美国家的国际化企业，以了解国际企业的管理实践经验。其中，在考察了美国最大的家电连锁集团、A.O.史密斯的整体厨卫和摩托罗拉的研发基地后，苏宁的高管团队进一步认识到许多国际优秀企业已经拥有了超前的企业管理理念和先进的信息化管理水平，他们一致认为百思买的管理技术对苏宁的发展具有重要的参考价值，并基于考察结果进行认真研究、探索了信息技术在跨国公司业务发展中的关键作用。此次出国考察经历推动了苏宁引入信息技术以及建设信息化管理系统。近年来，苏宁不断加大对互联网业务的投入，并开始向智慧型零售企业转型。为提升企业对智慧型零售企业的认知水平，苏宁的董事长张近东频频接触 IT 界投资领域的成功人士，并多次前往位于西雅图的电商巨人亚马逊进行考察和学习交流。可见，作为一家以传统专卖店起家的零售企业，苏宁向智慧型零售企业转型的过程实质上是一个引入新知识的过程。

2. 模仿期

通过导入期的管理学习，苏宁已经建立了对国际零售企业管理实践的认知基础，并开始进入管理学习的模仿阶段。在管理学习的模仿期，苏宁对标国际零售巨头，通过国际先进 IT 公司、咨询公司引进信息管理系统，并学习国际零售企业普遍采用的信息化管理方法。诸如，苏宁于 2005 年通过与美国 IBM 公司合作，进一步升级改造了苏宁现有的信息系统，并构建整合企业各大业务和管理体系，有效改善了企业内部的信息共享程度，最终为苏宁的规模化发展提供了可靠的管理支持。在 2006 年，苏宁与德国 SAP 公司和美国 IBM 公司合作引进了行业领先的 SAP/ERP 管理系统，有效改善了苏宁在主要领域（诸如人事、财务、供应链等）的一体化管理能力。2006 年 6 月，苏宁与美国 IBM 公司合作开启"蓝深计划"，并于 2007 年 8 月正式启动蓝深计划中的第一项管理系统开发工程 SAP-HR 系统，有效推动苏宁整合财务、人事、顾客管理、物流管理等多个平台的信息，进而提高了公司的管理效率。2007 年 4 月，苏宁开始致力于改善供应链管理效率，它通过将公司的信息系统与主要供应商三星、索尼等 IT 产品厂商数据库对接，有效提高了供应链上合作企业双方的信息共享程度，进而改善了公司供应链管理的效率。

通过与国际企业合作开展管理学习实践，苏宁有效降低了公司的办公成本、改善了供应链管理效率和物流模式，并最终在公司财务业绩（净利润）上超过了竞争对手国美。该阶段，苏宁管理学习的目标是通过国际管理咨询公司引进市场上已有的最佳管理实践经验，并通过模仿对标国际优秀的企业改善自身管理水平。IBM 等国际管理咨询公司由于具有丰富的管理咨询经验以及积累了大量有价值的最佳管理实践经验，它们成功为苏宁输出了国际优秀公司的管理框架和理念。通过该阶段的管理学习，苏宁通过引进 SAP/ERP 等管理系统有效改善了公司信息共享、数据分析、精细化管理水平，并逐渐从过去传统的粗放式商业零售模式转换为精细化管理的零售模式。经统计，在引入 SAP/ERP 管理系统后，苏宁的业务周期缩短了 50%～70%，准确交货率提高了 30%，订单前置期缩短了 20%～30%，生产率提高了 10%～30%，交易成本节约了 5%～10%，业务处理成本降低了 70%。除了与国际公司合作开展管理学习之外，苏宁还通过海外并购的方式获取国际零售业的先进实践经验。诸如 2011 年，苏宁收购了日本家电连锁零售上市公司 Laox，并借机进入日本市场以及学习引进日本先进的商业设计、产品规划与组合、店面业态组合和服务理念与技术上的优点及国际化的人力资源管理模式。通过这次收购，苏宁将 Laox 模式引入到中国市场，并将其作为新的零售业态在多个城市推广。

3. 深化与创新期

通过模仿学习国际企业的最佳管理实践，苏宁初步建立了国际化的管理体系，但是简单的模仿难以为企业带来真正的竞争优势。为进一步提高管理学习绩效，企业需要将其所引进的管理知识与企业自身实践相结合，即通过将领先的管理知识内化为企业自己的知识，进而提高企业对先进知识的应用水平。在管理学习的深化与创新期，苏宁通过完善内部培训体系、聘请外部专家、成立研究中心等方式来促进外部管理知识与内部企业实践的融合。2005年 7 月 19 日，苏宁成立了 SAP/ERP 的实施团队，该团队由来自 IBM 的 12位外部顾问和来自苏宁各大业务体系的 130 多位优秀员工共同组成。在SAP/ERP 系统上线的推进阶段，为保证 24 000 个终端能够成功上线，苏宁分别组织培训了 400 名项目推进人员和 2 000 名培训师，通过优化企业的培训体系以推动新系统的引进与应用。另外，为提高企业对所引进知识的理解与应用，苏宁成立了企业大学，并邀请来自国内外知名高校、重量级咨询机构、重要供应商和合作伙伴等机构的专家、学者作为讲师，进而提高苏宁整体的学习能力。与此同时，为帮助公司尽快实现最佳管理实践与企业自身管理体系的融合，苏宁加大了与高校的合作，诸如苏宁与清华大学合作举办了"中国家电连锁行业趋势论坛暨苏宁电器发展策略研讨会"，通过研讨会邀请专家、学者共同讨论家电连锁模式在中国市场的应用与推广。除此之外，苏宁非常重视公司管理人员的现代化企业管理经验在公司管理学习中的作用，诸如苏宁的集团总裁孙为民原先是一所大学里教授管理学的教师，副总裁孟祥胜来自一家管理咨询公司，这两位管理人员由于经历过严格的管理学理论训练，他们对于推动苏宁开展管理学习、引进管理系统发挥了重要作用。

4.3.2　管理学习的模式

苏宁的管理学习历程主要分为导入期、模仿期、深化与创新期三个阶段，这三个阶段反映了苏宁管理学习的阶段性目标。具体而言，通过第一阶段的学习，苏宁将国际先进零售知识导入公司内部，促进苏宁从认知层面实现了对先进管理知识的接受（特别是高级管理人员建立了管理学习意识），故将该时期称为管理学习的导入期。在第二阶段的学习中，苏宁在对标杆企业的先进经验进行较为细致的研究基础上，通过咨询公司等引进标杆企业的最佳实践经验，进而实现与标杆企业在管理系统等方面的"形似"，故将该阶段称为管理学习的模仿期。在第三个阶段的学习中，苏宁充分利用"培训"在学习中的作用，通过改善企业的培训体系进而推进组织成员对新知识的理解和运用，最终实现与标杆企业的"神似"；另外，苏宁还通过开展研究项目探索更加前沿的零售知识，进而实现对标杆企业的追赶与超越。故将该阶段称为管理学习的深化与创新期。苏宁管理学习的主要阶段及目标如图 4.2 所示。

理念导入	与目标企业形似	与目标企业神似
导入期	模仿期	深化与创新期

图 4.2　管理学习的主要阶段及目标

表 4.2 总结了案例企业管理学习的模式，该表显示出苏宁管理学习的模式、行为、途径、内容、机制在三个阶段中都表现出不同的特征。

表 4.2　案例企业管理学习的模式

学习模式	看中学：示范性学习	用中学：利用式学习	研究开发中学：开发式学习
学习行为	出国考察；同业参观访问；协会交流活动；优秀案例的"口碑效应"	引进管理工具、管理理念，构建管理系统，搭建管理平台	建立培训机构、研发中心
学习途径	企业家协会、行业协会、研讨会、公司派出	建立战略合作关系：与咨询公司合作、与IT公司合作、与电子商务公司合作、与竞争对手合作、海内外并购	与供应商合作建立培训机构、建立国外研究中心、成立企业学校
学习内容	外延性知识：门店装修、服务行为、商品摆设	内涵性知识：管理技巧、管理理念	内涵性知识：管理技巧、管理理念
学习机制	非正式机制为主	正式机制为主	正式机制为主
学习阶段	导入期	模仿期	深化与创新期

管理学习的导入期：该阶段，案例企业的学习内容是将外部先进的管理理念导入到企业内部。通过采纳示范性学习方法，案例企业在感官上建立了对先进的管理知识的认知与了解。示范性学习是指企业借助于其他企业的示范效应而获取和了解相关知识的过程，该方法有助于企业实现对新管理理念的导入、直观认识以及对管理学习业绩的感知，进而能够帮助企业做出管理学习的相关决策。建立有关新管理知识的认知是管理学习过程中的关键环节，它决定学习方企业是否有意图采纳某项管理实践、对新知识的渴求以及管理学习的信心。在苏宁的管理学习过程中，苏宁都是在高管团队参观考察国际领先企业之后再引进股权激励机制、信息化管理理念等。这表明，苏宁的高管人员通过参观考察领先企业而受到领先企业在某些方面管理实践的示范效

应的影响，进而产生了引进与学习该管理实践的意向。参观、考察领先企业是企业管理学习的重要途径，它有助于企业认识与了解标杆企业优秀管理实践及其相关的外延性知识，诸如店铺里商品的摆放技巧、店铺设计特点、一线员工的着装礼仪技巧等。因此，在管理学习导入期，企业开展管理学习的方式多以公司组织、行业协会组织的参观考察、交流等非正式学习方式为主，企业在该阶段所采取的学习模式表现为"看中学"。

　　管理学习的模仿期：该阶段，企业管理学习的内容主要是模仿标杆企业对先进管理知识的运用。企业通过国际合作等方式引进标杆企业所使用的管理理念、管理工具、管理系统等，并在使用这些管理知识的过程中不断加深对它们的理解、消化和吸收，该阶段的企业管理学习模式主要表现为"用中学"。从企业的学习行为特征来看，企业主要通过模仿标杆企业进而在管理工具等方面实现与标杆企业在形式上的一致性。自苏宁立志成为中国的沃尔玛开始，苏宁就开启了对沃尔玛核心竞争力的研究，它通过研究发现信息技术在沃尔玛全球化管理中具有关键作用。因此，苏宁开始模仿沃尔玛的信息化管理之路，积极在公司内部构建管理信息系统。苏宁的管理信息化速度比多数中国国内本土零售企业快。早在 1996 年，苏宁就拥有了客户信息数据库系统，但是此时的信息系统仅是用来进行档案信息的管理；1998 年，苏宁建立了全国首个业务与财务的联网开票系统，这是国内零售行业内第一家能够开具电脑增值税发票的企业；2000 年，苏宁上线了 ERP 系统，并依靠该系统在进销存、售后服务、物流服务等方面初步实现了一体化管理，并成功组建了全国商业企业首个集中式计算机管理网络系统。为了向标杆企业看齐，苏宁从 2005 年开始加快了信息系统的构建速度。2005 年，苏宁与美国企业 IBM 合作进行信息化系统平台的升级与改造；2006 年，苏宁与德国 SAP 公司和美国 IBM 公司合作研发了世界零售业首领的 SAP/ERP 管理系统；2007 年，苏宁开始逐渐与供应商的数据库进行对接以强化供应链管理水平。从苏宁在构建信息系统时所选择的合作者便可看出，苏宁希望通过与一流的软件提供商和管理咨询公司合作，将它们所积累的优秀管理经验通过信息系统这一载体转移到苏宁内部，进而获取国际最佳管理实践。另外，基于 SAP 公司和 IBM 公司自身对管理的深刻理解，它们能够为苏宁带来一些国际大公司的管理框架和理念。

引进信息化管理是一件具有挑战的企业决策。首先，信息系统的使用虽然有利于提高企业的经营管理效率，但是与企业运行机制不匹配的管理系统则会对企业的发展起到负面效应。其次，应用管理信息系统要求使用者具备一定的信息技术知识基础。企业想真正掌握好信息化管理方式，还需要企业在使用信息系统的过程中保持学习的精神，因此，"用中学"对于企业改善管理学习绩效来说至关重要。在管理学习的模仿阶段时，苏宁投入大量资金用于引进国际零售巨头普遍采用的管理系统，正是希望通过运用管理系统来掌握零售巨头们所具备的内涵性的管理知识（诸如先进的管理理念、管理技能等），进而实现企业在管理水平上逐渐靠近标杆企业。另外，由于企业开展管理学习需要投入较高的成本以及承担较大的失败风险，因此，企业更加偏向于选择与咨询公司合作、与IT公司合作、与电子商务公司合作、与竞争对手合作等正式的学习机制，来提高管理学习绩效以及降低失败风险。除此之外，海外并购也是企业开展管理学习的一个途径。苏宁通过并购日本的零售企业，将日本商业设计、产品规划与组合、店面业态组合和服务理念与技术上的优点及国际化的人力资源引入企业，并在中国大陆引进了日本 Laox 模式，取得了一定成功。虽然海外并购也是企业开展管理学习的一种途径，但是较少企业选择这种途径开展管理学习，主要理由有两点：第一，海外并购本身就是一个风险较大的战略行为，并且并购后的整合过程也是一个非常复杂的过程；第二，开展以管理学习为目标的并购，考虑到管理知识的嵌入性特征要求企业保留被并购企业的核心管理人员和关键的部门，那么这将进一步增加并购后母公司实施统一管理工作的复杂性和难度。

管理学习的深化与创新期：该阶段，企业管理学习的内容主要是对先进管理知识进行本土化和创新。具体而言，企业通过与高校、供应商合作或是独立建立培训中心、研发中心等，以加快管理知识在企业内部的推广与应用，以及探索新管理知识与企业实践的最佳结合方式，推出适应新发展形式和市场需求的管理理念及配套管理工具。苏宁在引进信息化管理方式的过程中，并没有将学习停留于引进零售巨头所具备的管理系统层面，而是为了推进对管理理念和技能的深入掌握，组建专门的外部专家团队和内部培训团队，以推进企业员工对相关管理知识的理解、消化和应用。另外，苏宁成立了企业大学，并聘请来自国内外知名高校、重量级咨询机构、重要供应商和合作伙伴等机构的人员作为讲师，不断提高公司对新知识的学习与应用能力。除此之外，苏宁加大了在人力资源方面的投入，有效推动了公司所引进的管理理念和管理手段在其内部的应用。为了有效掌握前沿市场信息、先进行业技术趋势、最新管理技能，苏宁于 2013 年设立了美国研发中心暨硅谷研究院，通过在国际发达国家市场上建立研发中心来提高其对前沿市场的敏感性。通过强化公司对已有知识的应用能力以及对新知识的探索能力，苏宁在信息化管理方面的学习已从理念导入期演变为创新探索期。在管理学习的第三阶段，苏宁主要通过提升培训体系、研发体系改善其对知识的应用和创新水平，其具体通过与供应商合作建立培训机构、建立国外研究中心、成立企业学校等方式开展管理学习。

　　通过对苏宁管理学习实践的梳理与分析，可知管理学习是一个不断深入的学习过程。苏宁在运用看中学、用中学和开发中学三种学习模式时，其所学习的管理知识内容和采纳的学习机制是不同的。其中，看中学的模式主要依靠企业所建立的一些非正式学习机制完成，学习内容聚焦于管理上的一些外延性的知识；用中学和开发中学的模式主要依靠企业所建立的一些正式学习机制来完成，学习内容聚焦于管理知识中的内涵性知识。

4.4　总结与讨论

　　本节梳理了中国零售企业管理学习的模式，总结出企业管理学习模式的主要特征。

4.4.1　阶段性差异

　　企业管理学习过程的复杂性决定了企业各个阶段所适用的管理学习模式不同，即企业管理学习模式的选择与企业所处的阶段密切相关。

　　第一，管理学习是知识转移和应用的过程。由于知识转移是一个循序渐进的过程，企业的管理学习过程主要包括知识的导入期、模仿期、深化与创新期。其中，导入期是企业选择外部管理知识的过程，它代表企业将外部知识导入企业内部；管理学习的模仿期是指企业以国际领先企业作为标杆企业，通过模仿标杆企业的管理实践实现与标杆企业"形似"的学习阶段；管理学习的深化与创新期是指企业致力于推动先进管理知识在企业内部的扩散与应用以及实现与标杆企业"神似"的阶段，企业在该阶段尤其注重通过研究与开发工作探索更新的管理知识。

第二，管理学习是一个动态变化的企业实践过程，具体表现为企业管理学习的三个阶段（导入期、模仿期、深化与创新期）具有差异化的学习目标、学习内容和学习行为。首先，在管理知识的导入期，受到先进零售企业管理知识的示范效应影响，企业通过参观考察国际领先企业等方式获得对先进管理知识的初步认识与了解，企业的管理学习模式表现为"看中学"；其次，在管理学习的模仿期，企业以标杆企业为参照企业，通过国际合作等方式引进先进的管理系统、工具等，并在应用最佳管理实践的过程中深化对其的理解，企业的管理学习模式表现为"用中学"；最后，在管理学习的深化与创新期，企业积极建设与发展培训机构和研发机构，并试图通过开展管理培训推动管理知识在组织内部的扩散与应用，企业的管理学习模式表现为"开发中学"。

以上两点显示了企业管理学习实践具有阶段性特征，该阶段性特征要求企业分阶段组织管理学习实践，进而改善管理学习绩效。由于企业处于不断变化的政治、经济以及社会文化等外部环境之中，诸如新兴技术对企业的管理学习实践提出了巨大挑战。因此，企业应该综合考虑企业内外部环境的动态性，把握好对其管理学习具有重要影响的因素，以实现对企业管理学习过程的有效管理。

4.4.2　约束性差异

在企业管理学习的不同阶段，由于企业管理学习的目标与主要学习内容不同，企业所采纳的学习模式以及具体学习方式不同，致使企业在学习过程中所受到的约束性也不同。

企业的管理学习方式分为正式学习机制和非正式学习机制。其中，正式学习机制是指企业通过签订合同等方式建立的学习渠道，学习方企业与知识授予方企业在知识转移方面具有强约束特征和规范性特征；非正式学习机制是指企业在未签订合同等强约束条件下所建立的学习渠道，学习方企业与知识授予方企业的知识转移关系不受到合同的约束。

　　采纳不同的管理学习方式，企业学习过程受到的约束也不同。在管理学习的导入期，由于企业学习的目标是初步了解和选择管理学习内容，因此企业通常选择参观考察、座谈交流、展会等"看中学"的管理学习模式。"看中学"模式下，企业采纳非正式的学习机制开展学习，学习双方未建立受到合同约束的知识转移关系。在管理学习的模仿期、深化与创新期，企业通过与咨询公司合作或是建立培训机构和研发机构等方式来引进和学习先进知识，在该类"用中学"和"开发中学"的学习模式下，企业采纳正式的学习机制开展学习，学习双方所建立的知识转移关系受到正式合同的约束。

第 5 章

什么影响管理学习过程
——来自中国五家零售企业的实践

5.1 如何组织管理学习

第 4 章主要梳理了中国零售企业管理学习的模式,将中国本土企业的管理学习过程分为导入期、模仿期、深化与创新期三个阶段,企业调研结果显示出管理学习模式的阶段性差异和约束性差异特征为企业管理学习实践提出了挑战。那么,现阶段中国本土企业应该如何组织其管理学习过程?为回答该问题,中国本土企业需要充分了解影响企业管理学习过程的各类因素。因此,本章将详细介绍影响中国零售企业管理学习的主要因素,并深入解析影响中国企业管理学习的因子模型,进而为企业组织管理学习过程以及识别主要影响因素提供借鉴与指导。

管理学习领域的研究还处于起步阶段,与管理学习议题相关的研究成果尚未得到学术界的一致认同。因此,本章将通过案例研究法探索影响中国零售企业管理学习的主要因素并构建影响企业管理学习的因子模型。

5.2　案例企业的调研

5.2.1　影响管理学习的因素

管理学习作为一个新兴的研究主题,该领域的相关研究还处于探索阶段,关于中国企业(特别是零售行业)的管理学习研究成果基本处于空白阶段。随着管理能力逐渐成为企业竞争优势的重要来源,管理学习作为企业提高管理能力的重要途径,逐渐引起企业界和学术界的重视。

管理学习是企业的一项战略决策,企业制定与实施管理学习战略的过程受到多方面因素的影响。中国零售企业作为中国本土企业学习国外先进管理知识的典型代表,其为研究管理学习的影响因素提供了有价值的分析样本。鉴于此,本章以中国零售企业作为研究对象,探讨"各层面的因素如何影响中国企业管理学习",并在此基础上构建影响中国企业管理学习的因子模型。

5.2.2　调研方法与过程

1. 收集企业资料

案例研究方法适用于研究问题诸如"为什么"和"怎么样"的研究,该方法可根据研究所涉及的案例研究对象数量进一步分为单案例研究方法和多案例研究方法。单案例研究方法与多案例研究方法并无好坏之分,二者都是研究者探索新兴研究领域的重要方法。与单案例研究方法相比,多案例研究方法的结论是建立在研究者对多个案例研究对象的对比、分析基础上,因此,研究者运用多案例研究设计能够探讨同一个概念在多个情境下的运作结果,这致使多案例研究方法的结论相比较单案例研究方法而言更加有说服力。

考虑到管理学习研究领域目前还处于探索阶段,案例研究方法更有助于研究者揭示企业管理学习实践的本质特征。鉴于此,本章采用多案例研究方法对影响零售企业管理学习的因素进行探索性研究。表 5.1 描述了案例研究的效度和信度及其保证措施,本章通过采纳表中的措施来保证案例研究的构念效度、内部效度、外部效度和信度。

表 5.1　案例研究的效度和信度及其保证措施

标准	内涵	方法	措施
构念效度	准确测量所要探讨的概念	三角测量法	多种数据来源相互印证
内部效度	确保观察的变量或事件具有因果关系	时间上的分析变量关系的解释性	合理的研究设计与分析方案
外部效度	研究结果所具有的类推范围	多案例研究	多个案例进行复制性研究
信度	研究过程的重复和复制	编制研究计划书	清晰的研究设计流程

陈晓萍，徐淑英，樊景立. 组织与管理研究的实证方法. 北京：北京大学出版社，2012.

　　在选择案例研究对象时，本章根据理论抽样原则，并结合中国连锁经营协会网站上提供的中国零售企业排名名单，最终选取了国美、苏宁、联华超市股份有限公司（简称联华）、永辉超市股份有限公司（简称永辉）和天虹数科商业股份有限公司（简称天虹）五家零售企业作为研究案例。这五家企业具有以下特征：第一，它们是中国零售行业中前 25 名的零售企业，它们的零售业态涵盖了家电超市、大型综合超市、超级市场、便利店等多种形式；第二，五家零售企业都十分注重与时俱进，它们积极引进国外先进的零售业管理实践经验，并在信息技术、业态创新、管理理念等方面都取得了较好的业绩；第三，五家案例研究对象涵盖了以传统零售业态起家的企业和以现代化零售业态起家的企业，其中有成立于 20 世纪 80 年代的传统零售企业，也有成立于 21 世纪的现代化零售企业。

　　为保证研究的构念效度，本章采用三角测量法获取案例企业的研究数据，具体通过实地考察、人员访谈、企业官网、新闻报纸、书籍、文献等多种数据来源渠道实现数据之间的相互印证。本章还广泛使用了二手数据资料，使用二手数据的优势在于它能够避免研究人员和参与者给数据收集造成某些主观性影响。目前，组织领域、战略领域等已经存在非常多的基于二手数据资料的研究，诸如 Baum 与 Oliver 通过利用二手数据以多伦多的幼儿看护中心为样本，他们探索了组织成立相关的一系列研究问题；Nadkarni 与 Narayanan 对上市公司的年报信息进行编码与分析，并根据编码结果对各个公司的 "战略规划" 指标进行赋值，他们最终深入解析了产业发展规划对企业战略特征和绩效之间关系的影响机制。考虑到二手数据资料的优势，本章采用多个数据渠道收集案例研究对象的二手数据信息，并根据所收集到的数据资料构建案例企业的管理学习研究数据库，进而探讨影响中国零售企业的管理学习绩效的要素。表 5.2 是样本简介与数据来源。

表 5.2　样本简介与数据来源

企业名称	行业排名	成立时间	主要业态	数据来源
国美	1	1987	综合家电	企业网站、年报、书籍、文献、高校财经数据库等
苏宁	2	1990	综合家电	企业网站、年报、书籍、文献、高校财经数据库、电视访谈节目等
联华	7	1991	大型综合超市、超级市场及便利店	企业网站、年报、书籍、文献、高校财经数据库、访谈（运营部经理 工作年限：16 年）等
永辉	12	2001	连锁超市、大卖场	企业网站、年报、书籍、文献、高校财经数据库等
天虹	23	1984	百货店、大型购物中心、便利店	企业网站、年报、书籍、文献、高校财经数据库等

2. 分析思路

管理学习作为企业一项重要的战略决策，企业实施管理学习决策势必会受到外部环境、企业内部组织层面以及知识属性等因素的影响。首先，根据战略管理领域的相关理论和已有研究文献，影响企业战略决策的因素可以划分为三个层面：宏观环境层面因素、行业环境层面因素和企业微观层面因素。宏观环境和行业环境层面的因素决定了企业在其发展过程中可能遇到的发展机会与威胁，这类因素在一定程度上限定了企业所在行业的平均利润水平；

企业微观层面的因素则决定了企业自身所具有的优势和劣势情况，这类因素在一定程度上决定了企业自身获取利润的水平。其次，关于影响企业战略决策因素的研究中，Tornatzky 与 Fleischer 提出的 TOE 理论在学术界得到广泛应用，该理论将影响企业战略决策的要素分为三个方面：技术要素、组织要素和外部环境要素。在 TOE 理论框架中，技术作为一个重要的影响因素被单独分离出来，这对于理解新兴技术层出不穷背景下的企业战略行动尤为重要。因此，TOE 理论为研究者分析影响企业某项战略决策因素提供了一个有价值的分析框架。最后，根据学习理论，知识作为企业学习的主要内容，知识的属性也会影响企业的学习效果。因此，企业需要综合考虑各个层面的因素对其管理学习决策的影响。

中国零售行业是服务行业中的重要代表，该行业所处外部环境中的经济、政策、社会等多种因素都会对其发展产生重要影响。因此，影响中国零售企业管理学习绩效的关键因素主要来自宏观环境、制度环境、行业环境以及企业自身的资源和能力、知识特征等方面。在分析宏观环境层面因素时，影响企业战略决策的因素可以依照 PEST 模型中所指出的政治、经济、社会和技术因素进行分析；根据制度理论领域的研究，本章在企业的外部宏观环境环境分析中增加制度要素的分析；在分析行业环境层面因素时，依据波特提出的五力分析模型，本章从影响中国零售行业竞争性的各个要素着手分析；在分析企业微观层面因素时，依据资源基础模型和能力理论，本章从中国零售企业自身所拥有的资源以及能力进行分析；在分析知识层面因素时，依据学习理论，本章从企业管理学习的内容即管理知识属性方面展开分析。零售企业的管理能力主要体现为企业在客户关系管理、供应链管理、商品管理等领域的管理水平上，结合该特征，本章从零售企业管理能力改善的五个方面来评估其管理学习绩效，这五方面的管理能力分别为客户及售后管理能力、采购及供应商管理能力（供应链管理能力）、商品管理能力、门店管理能力、信息化管理能力。

鉴于以上分析，本节构建了如图 5.1 的理论框架，用以指导后续的案例研究。

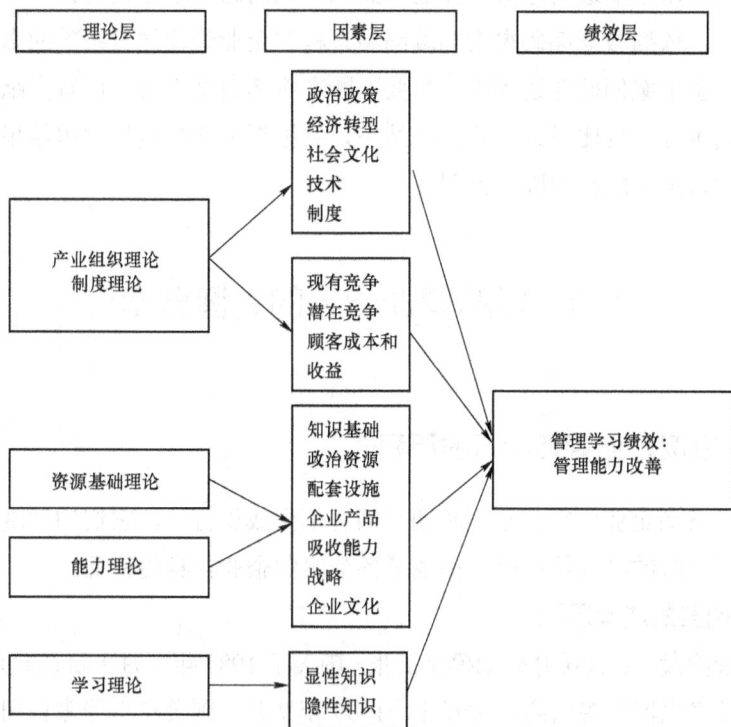

图 5.1 理论框架

采用科学、规范的案例研究方法，本章主要按照以下五个步骤开展案例研究。

第一，依据行业组织模型、资源基础模型、制度理论等相关理论知识，构建理论框架，并用其指导后续研究中有关案例企业数据资料的编码与分析工作。

第二，拟订研究计划，按照同一个研究方案对多个案例企业进行逐个复制性研究。采纳复制性研究原则有助于研究者发现不同案例研究对象之间所存在的相似的发展逻辑，进而使得案例研究所得到的结果更加可靠。

第三，对比分析各个单案例研究结果，并根据分析结论整理、撰写多案例研究报告。

第四，根据理论框架，采纳扎根理论的三步编码法进行多案例分析。具体而言，通过初始编码、轴心编码和核心编码三个步骤对所收集到的案例数据信息进行循序渐进的分析，并逐步提取关键信息以进行编码。

第五，依据数据编码得到的编码结果构建企业管理学习绩效的影响因子模型。在整个案例研究过程中，需要不断在案例数据资料、已有文献和相关理论之间进行反复比对来修正编码结果，并根据最终的数据编码结果构建企业管理学习绩效的影响因子模型。

5.3　影响管理学习的关键要素

5.3.1　案例企业管理学习的历程

五家案例企业成立于不同时期且拥有不同成长背景，它们的发展过程不仅反映了当时的时代特征而且体现了各个案例企业自身的特征。

1. 国美的成长历程

发展阶段一：公司开始规模化扩张。国美于 1987 年 1 月 1 日在北京成立，其旗下首家电器零售门店同时开张。1999 年 7 月，国美将电器零售门店从北京扩张到天津，开始实施全国连锁经营战略。2004 年，国美正式更名为"国美电器控股有限公司"，并于同年上市。在实施规模化扩展战略阶段，国美主要通过并购同行业企业的方式实现规模扩张，其先后并购了哈尔滨黑天鹅电器、深圳易好家商业连锁有限公司、武汉中商家电、江苏金太阳家电、永乐（中国）电器有限公司，并控股三联商社、控股库巴购物网等。通过并购同行业企业，国美快速实现了全国化扩张的战略目标。2006 年，国美开始从规模化扩张战略发展阶段逐步转向精细化战略发展阶段。

发展阶段二：公司开启精细化发展模式。2007 年，国美开始实施差异化战略；2009 年，国美进行战略转型，开始聚焦于优化合作网络和提升单店能力的战略目标；2010 年，国美控股库巴购物网；2011 年，国美正式上线国美电子商务网站，并开启了国美 ERP Leader 领航者工程。与发展初期的规模化扩张模式不同，国美该阶段聚焦于改善内部的精细化管理，一方面通过改善信息化管理水平优化供应商网络，另一方面致力于公司内部组织管理水平的提升。

发展阶段三：公司实施全渠道发展战略。2013 年，国美开始整合公司线上与线下两个渠道的业务，致力于实施全渠道经营战略。通过实施全渠道经营战略，国美改善了公司各个渠道之间恶意竞争的局面，并有效促进了渠道之间的信息流动性。

图 5.2 是国美发展历程。

成立	在天津 开设连锁店	上市 更名	扩张 战略	差异化 战略	战略 转型	控股库巴 购物网	线上+ 线下
1987	1999	2004	2006	2007	2009	2010	2013/年

图 5.2　国美发展历程

2. 苏宁的成长历程

发展阶段一：以空调专卖店起家阶段。1990 年，苏宁的空调专卖店在江苏南京成立；1993 年，苏宁在当时行业内著名的"空调大战"中一举成名；1995 年，苏宁开始成立专营批发部，着手建立全国范围的批发网络；1996 年，苏宁首次在南京之外（扬州）开设连锁店，并初步实现了销售、财务一体化和会计电算化等信息化管理。

发展阶段二：规模化扩张阶段。从 1998 年开始，苏宁进入规模化扩张阶段。该阶段，苏宁首先由空调专卖店向综合连锁电器零售转型，并开始在全国范围内建立连锁门店。1998 年，苏宁由空调专卖店向综合电器连锁经营转型；2000 年，苏宁采纳了 ERP 系统，并以此推动公司实施连锁经营战略；2003 年，公司将首家 3C 旗舰店设立在南京，这标志着苏宁全面进入"3C"发展时代；2004 年，苏宁在深交所成功上市；2005 年，苏宁开始致力于建设覆盖全国范围的一体化物流体系，以更好地支持其全国扩张战略。

发展阶段三：内涵式发展阶段。从 2006 年开始，苏宁开始聚焦于内部管理改善，公司进入内涵式发展阶段。2006 年，苏宁积极引入信息化技术并引进了全球化的管理平台（SAP/ERP 信息系统）；2008 年，苏宁开发上线 E-learning 网络在线培训系统，以改善公司人才培养体系；2009 年，苏宁开始实施国际化发展战略，公司先后并购了 Laox 电器公司和镭射公司；2010 年，公司正式上线苏宁易购，这意味着公司开始拓展线上销售渠道；2011 年，苏宁从日本引进乐购仕零售发展模式，在国内开始运营首家乐购仕生活广场

（Laox Life）；2012 年，苏宁进一步丰富其线上业务，通过收购红孩子商城将其电子商务业务拓展至母婴和化妆品领域。

发展阶段四：开展全渠道经营发展阶段。公司从 2013 年开始进入全渠道发展阶段。该阶段，苏宁开始实施 O2O 发展战略，即线上线下融合发展战略。2013 年，苏宁全面运行 O2O 发展模式，通过实施线上线下统一的价格来推动线上线下渠道融合发展；另外，苏宁积极探索国际最佳实践经验，公司在美国硅谷成立研发中心以探索市场中出现的新需求特征以及市场前沿的零售技术与零售业态；2014 年，苏宁通过收购满座网进一步拓展了 O2O 服务领域，进而加快了线上线下业务的融合发展。

图 5.3 是苏宁发展历程。

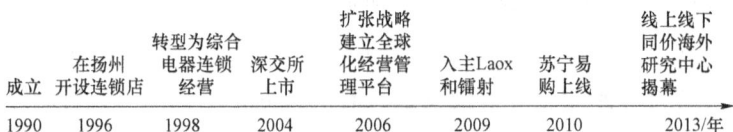

成立	在扬州开设连锁店	转型为综合电器连锁经营	深交所上市	扩张战略建立全球化经营管理平台	入主Laox和镭射	苏宁易购上线	线上线下同价海外研究中心揭幕
1990	1996	1998	2004	2006	2009	2010	2013/年

图 5.3　苏宁发展历程

3. 联华的成长历程

发展阶段一：连锁经营发展初期。1991 年，联华在上海成立，以超市的业态形式起步并采纳连锁经营的发展模式；发展至 1995 年，联华连锁门店在国内有 41 家；1996 年，联华引进综合超市的发展模式，它通过与法国家乐福合资开设了中国第一家大型综合超市，该综合超市在店面管理方面对标国际零售企业，诸如门店配备电脑并实现了计算机联网通信等信息化管理。

发展阶段二：实现多业态并行发展阶段。1997 年，联华成立上海联华便利商业公司，开始实施多元业态发展的连锁经营模式；2000 年，联华成立了上海联华电子商务有限公司，开始致力于线上业务即电子商务业务的发展；2002 年，联华引进折扣店的零售业态。为引进折扣店的零售业态，联华与西班牙迪亚公司合资成立上海迪亚联华零售有限公司，通过国际合作的形式引进国际零售实践经验。

发展阶段三：进入内涵式发展阶段。从 2003 年开始，联华开始注重公司内部管理能力的改善，通过实施内涵式发展战略推动其上市；通过与日本 Izumiya 株式会社开展国际合作引入商品开发、物流配送、营运管理、人才培养等领域的实践经验；通过与日本株式会社冈村制作所开展国际合作，引进其配送中心建设方面的实践经验，进而推进联华配送中心的改造流程。2004年，联华与 IBM 公司、特力集团开展国际合作，并通过国际合作构建供应链管理体系以及引进国外优秀的供应链管理实践经验。

发展阶段四：进入转型重组阶段。从 2010 年开始，联华开始进入转型重组阶段。该阶段，联华首先围绕商品采购、物流配送、信息系统建设、财务结算与核算等方面展开重组工作。随后，联华开始进一步拓展业务领域，并开始聚焦于渠道整合。2011 年，联华与日本 Growell 公司、上海每日通贩商业有限公司合作成立药妆业务合资企业；同年，联华上线联华易购，开始实施线上线下整合战略。2014 年，联华围绕业务管理流程、信息系统建设和组织体系建设方面开展深化改革。

图 5.4 是联华发展历程。

成立	中外合资	业态多元化	上市；多项中外合作项目	与IBM合作打造供应链系统	变革重组	线上线下整合	深化改革
1991	1996	1997	2003	2004	2010	2011	2014　/年

图 5.4　联华发展历程

4. 永辉的成长历程

发展阶段一：起步阶段。1995 年，永辉在福建省福州市成立，在成立之初还是一家规模较小的零售商店。2000 年，永辉开始创新经营业态，并开设了第一家"农改超"超市——永辉生鲜超市；2001 年，永辉成立了福州永辉超市有限公司；2003 年，永辉成立了福州市永辉食品加工中心。

发展阶段二：连锁化扩张阶段。从 2004 年开始，永辉进入全国连锁化扩张阶段。2004 年，永辉成立了福建永辉采购配送中心，以及福建永辉集团有限公司，并首次迈出福建省进入重庆市发展。2005 年，为了提供充足的人才资源以支持公司的连锁化扩张模式，永辉成立了永辉人才培训中心；同时，永辉开始完善其物流配送体系，并着手建设了福建永辉现代物流配送中心，开设了第一家永辉百货超市和永辉生活超市。2007 年，为了获取更多的资金支持，永辉通过与汇丰银行合作引进战略资金；2009 年，永辉进一步将市场扩张至首都北京。

发展阶段三：内涵式发展阶段。从 2010 年开始，永辉积极开展管理学习，致力于改善公司内部组织管理能力。2010 年，永辉在上海证券交易所成功上市，标志其现代化管理变革取得一定成效。2011 年，永辉首次实施收购活动，其通过收购北京一家韩国株式会社易买得超市实现在北京市场的扩张。2012年，永辉与国际知名企业 IBM 开展国际合作，它通过国际合作引进国际最佳管理实践，力图从企业内部管理入手以构建企业竞争力，进而改善企业管理能力。在内涵式发展阶段，永辉坚持向国际零售标杆企业学习，公司先后引进了品类管理、JDA 棚格图管理、色码管理以及客户关系管理系统等行业最佳管理实践经验，并有效改善了公司在供应链管理、客户管理、门店管理等领域的管理水平。

发展阶段四：实施线上线下一体化战略。2013 年，永辉上线了永辉微店，该线上超市在试运行阶段取得了良好效果，这标志着永辉开始步入 O2O 整合阶段。

图 5.5 是永辉发展历程。

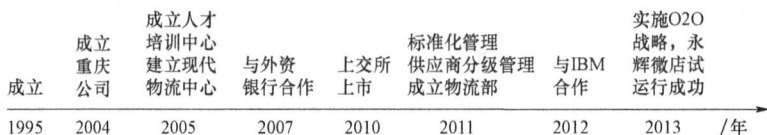

		成立人才 培训中心 建立现代 物流中心			标准化管理 供应商分级管理 成立物流部		实施O2O 战略，永 辉微店试 运行成功
	成立 重庆 公司		与外资 银行合作	上交所 上市		与IBM 合作	
成立							
1995	2004	2005	2007	2010	2011	2012	2013	/年

图 5.5　永辉发展历程

5. 天虹的成长历程

发展阶段一：起步阶段。1984 年，天虹在广东省深圳市注册成立；1985年，深南天虹开业；1995 年，天虹开始引入基于现代化信息技术的管理工具，诸如商业 POS 电脑化管理系统和综合性信息处理系统。

发展阶段二：现代化转型时期。从 1998 年开始，天虹开始尝试引入现代化的零售业态。1998 年，天虹开始尝试基于互联网的在线业务，并成立了中国第一家支持在线购物并支付的网上商城；1999 年，天虹引入现代化百货商场的零售业态，将深南天虹升级改造为大型百货商场，这标志着天虹从传统百货的零售业态向现代化百货的业态转型。

发展阶段三：规模化扩张时期。从 2002 年开始，天虹逐渐向国内其他地区扩张市场。2002 年，天虹首次跨出广东省本地市场，进入江西南昌市开设百货商场；同年，天虹为支撑其全国扩张模式积极建设物流中心；2003 年，公司为了改善其人才培养体系成立了天虹培训中心，为公司的规模化发展提供高质量人才；2010 年，天虹在深圳证券交易所成功上市，这意味着公司已经建立了一定的现代化管理基础；同年，天虹提出"以有形连锁零售业务为核心，以电子商务业务和品牌代理业务为两翼"的业务模式，进一步坚定了线下业务发展的重要性。

发展阶段四：全渠道发展时期。从 2011 年开始，天虹进入全渠道整合发展阶段，公司开始致力于整合线上和线下业务。2011 年，公司引入零售行业经营信息管理系统，并在公司内部成功上线了天虹零售经营综合信息系统（简称 R3 系统）。通过天虹零售经营综合信息系统，天虹实现了线上业务与线下业务之间的信息共享。2013 年，天虹设立天虹商学院，进而为公司提供满足其发展需求的人才培养项目。2014 年，天虹开始实施线上线下融合的全渠道战略，进而改变公司原来以实体店为主体的发展模式；同时，天虹从单一百货业态拓展到"百货+购物中心+便利店"的多业态。

图 5.6 是天虹发展历程。

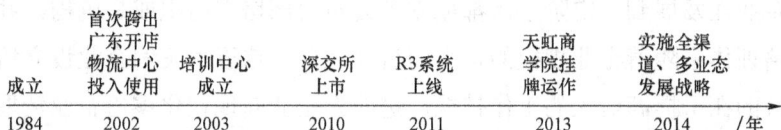

成立	首次跨出 广东开店 物流中心 投入使用	培训中心 成立	深交所 上市	R3系统 上线	天虹商 学院挂 牌运作	实施全渠 道、多业态 发展战略	
1984	2002	2003	2010	2011	2013	2014	/年

图 5.6　天虹发展历程

通过梳理五家案例企业的发展历程，可以发现这五家零售企业的成长历程都呈现出以下特点。

第一，从五家零售企业的排名来看，这五家零售企业在中国本土零售企业中都属于行业的佼佼者，它们都成立于改革开放后（基本集中于 20 世纪八九十年代），并且其中有三家零售企业在 2004 年前后成功上市。

第二，从企业发展的阶段性特征来看，这五家零售企业基本都经历了从规模化扩张向精细化转型再到全渠道整合的发展历程。案例企业发展历程的阶段性特征体现了零售企业发展的一般规律，同时反映出研究对象为了应对当时的市场环境而做出的应对策略。在规模化发展阶段，多数案例企业都是期望通过"跑马圈地"式的发展模式扩大其国内的市场范围。但是，随着市场上的顾客细分及顾客需求的精细化，企业原来所采纳的粗放式扩张模式由于忽视了顾客需求的重要性而渐渐失去竞争优势，故企业纷纷开始转型升级。

第三，从信息技术的应用情况来看，这五家零售企业都在发展后期积极引入基于信息技术的信息化管理模式。伴随着这五家案例企业的发展演进，信息化技术在企业中不断渗入并推动了五家案例企业的管理现代化进程。这五家案例企业虽然都成立于改革开放之后，但由于改革开放初期的中国企业经营方式受计划经济体制较大影响，因此，多数零售企业还是以传统经营方式为主。随着中国加入世界贸易组织，国内外经济开放度加大，这加速了全球企业国际化进程，进而致使国外现代化管理知识的溢出效应更加显著。由于信息技术是现代化管理手段的重要构成因素，故很多中国本土零售企业进行管理变革的方式之一就是积极引进现代化的信息技术、管理信息系统。

第四，从企业对员工的培养来看，这五家案例企业在培训经费的投入方面都呈现出上升趋势。每一家案例企业都非常重视员工技能的培训，这五家案例企业在发展到一定阶段后都成立了公司内部培训组织或是机构，并且企业的培训体系随着企业规模的扩大而日渐完善。这五家案例企业设立培训中心的目的在于提高员工的工作技能，进而为企业向现代化零售企业转型提供人才资源基础。对于现代化零售企业来说，信息技术仅是企业信息化管理方式的一种载体，企业还需要帮助其管理人员学习信息技术背后蕴藏的管理理念与方法，这也是企业人才培养的关键。为此，这五家案例企业采用派内部员工参与海外培训、完善企业内部管理培训课程体系、与供应商开展国际合作共建培训机构等多种方式帮助管理人员学习国际先进管理知识与改善他们的管理能力。

第五，从企业现代化转型的形式来看，这五家案例企业的转型升级主要表现为两个方面：一方面是，这五家案例企业改变了它们在成立之初所采用的单一化的零售业态发展模式，它们通过引进诸如大型综合超市、便利店、购物中心等国际零售业态形式形成了多种零售业态协同发展的模式；另一方面是，在管理理念、模式与方法方面，这五家案例企业都在发展过程中逐渐放弃过去落后、陈旧的传统零售业经营手段，并积极引进适用于市场经济体制下的、现代化的经营管理手段。

第六，从影响企业管理现代化转型的因素来说，这五家案例企业在从传统零售企业向现代化零售企业转型的过程中，它们都受到来自多方面因素的影响。案例企业实施管理转型的主要方式是通过管理学习获得国外先进零售企业的最佳实践经验，这五家案例企业的学习过程通常包括获取管理知识、理解管理知识、消化管理知识以及应用管理知识等学习阶段，并且案例企业每一个阶段的学习行动都会受到来自企业内外部环境以及知识层面等因素的影响。

通过对比分析这五家案例企业管理现代化的过程，可以发现这五家案例企业在它们发展过程中都开展了广泛的管理学习实践，它们通过多种途径积极引进与学习国外先进的管理理念、管理技巧和管理工具等。为了深入了解影响这五家案例企业管理学习绩效的主要因素，研究进一步梳理了它们所实施的管理学习实践信息。考虑到零售企业的特征，研究主要从客户及售后管理、采购及供应商管理、商品管理、门店管理、信息化管理五个方面，对这五家案例企业的管理学习实践进行提炼和整理。表 5.3 列示了案例企业管理学习实践。

由表 5.3 可以看出，案例企业的管理学习实践主要体现出以下特征。

第一，信息技术飞速发展是企业管理方式变革的重要推手，基于信息技术的各类现代化管理方法与手段受到这五家案例企业的普遍重视，这五家企业都非常重视培养企业的信息化管理能力。这五家案例企业以国际零售巨头作为学习与对标的企业，分别通过与国际领先的信息技术企业和软件开发企业合作引进现代化的管理信息系统。由于企业的信息管理能力是建立在企业对信息系统的不断完善以及人力资源的持续投入基础上的，部分案例企业通过组建专门的信息技术团队为企业信息系统的维护和更新补充人力资源。部分案例企业通过建立全球性的研发中心，积极探索国际前沿信息技术在零售领域的应用。

表 5.3 案例企业管理学习实践

维度	国美	苏宁	联华	永辉	天虹
客户及售后管理	2005年，重点推进会员制工作；构建客户关系管理系统	引入会员制；构建客户关系管理系统	2006年，学习国外零售商会员制运作经验，加强会员数据的分析和应用，通过对客户分类、地区分类、消费习惯等分类数据的整理，提高会员购买频率和单价	引入会员制；构建客户关系管理系统	引入会员制；构建客户关系管理系统
采购及供应商管理	以沃尔玛的供应链管理为标杆；聘请IT公司，帮助构建供应链管理体系	与供应商合作成立联合培训学院；与供应商建立战略合作关系；与供应商信息系统对接；引进外资品牌、合作设计研发	2005年，与IBM建立战略联盟，构建具有国际水平的供应链管理平台；与宝洁公司合作开发智能定价系统；2008年，引进国外先进技术和实际经验，规划新配送中心，提高配送能力	2011年，聘请日本物流专家开展现场管理(5S)培训；物流部门与日本物流企业开展一对一学习；2014年，以80/20原则梳理与衡量TOP供应商	供应商分级管理；驻扎总部采购模式转为深入市场的买手采购模式；与供应商合作开发送商品

续表

维度		国美	苏宁	联华	永辉	天虹
商品管理	品类管理		通过 Laox 平台，借鉴引进国际市场先进的零售经验，丰富产品品类	2004 年，便利店在上海地区与日本永谷园株式会社共用，引进具有便利性的商品；2005 年，与国际著名自主品牌运作商合作，借助其在开发定牌产品方面成熟的经验与模式提升自主品牌的开发能力；2008 年，在商品管理和门店经营上推进商品类管理理念和实践，提高商品经营能力	2011 年，组建的创新工作小组，负责品类管理、数据化应用等方面的实验性创新；引进棚格图管理方法；2014 年，服装事业部引入色码管理和数据整合	推进品类管理，试点推进品类经理制度，持续完善商品图管理结构，有效减少商品积压和断货
	门店管理	2011 年，参照国际家电连锁门店模式，对一级市场门店进行大规模改造	引进日本 Laox 商业形态，吸收日本企业在商业设计等方面的经验	2004 年，超级市场聘请专业设计公司对门店进行整体形象设计，并引入国际最流行的陈列模式，改变商品结构	门店的购物环境、服务水平向国际化的大卖场看齐，不断升级改造	2012 年，按照 ISO 22000 标准，对新店进行配置、设计，装修标准进行了修订并施行
信息化管理		2010 年，与世界排名第一的 ERP 软件供应商 SAP 和具有零售管理和 IT 服务实施经验的惠普公司联合构建企业的 ERP Leader 领航者工程	2007 年 6 月，聘请 IBM 公司，推出"蓝深"计划"合作项目，由 IBM 公司为公司提供管理信息系统的开发与设计、流程管理方案等	1996 年，与法国家乐福合资开设中国第一家大型综合超市，门店配备电脑并实现了计算机联网通信	与 IBM 公司合作，构建管理信息系统，引进先进管理与服务（顾客关系管理系统、电子商务平台、自助购物系统，JOYA 自助购收银系统（亚洲第一家）、自助会员卡发卡系统、自助查价机等系统设备	零售综合信息系统（R3）全面上线，以 R3 为手段完成对大客户管理、自营促销、电器管理、合同管理、商品管理和库存管理的流程梳理，进一步优化了业务流程

续表

维度	国美	苏宁	联华	永辉	天虹
整体管理	以百思买聚焦化发展战略为标杆	沃尔玛的信息化、精细化，服务原则、会员制、自营模式；百思买管理理念；亚马逊线上发展模式；入股日本Laox株式会社，借鉴并引进先进的国际家电零售经验；学习了乐购仕生活广场，设计了Laox品牌的设计理念，收购Citicall Retail Management Limited以提升管理团队的本土化程度；在北京和硅谷成立研发机构，探索市场前沿技术和信息以及先进的管理技巧	1996年，与家乐福合资，引进大型综合超市业态；2003年，与西班牙迪亚成立合资企业，引进折扣店，引进现代零售技术，提升供应链管理水平，实施全面预算管理和KPI；2004年：与国际领先的营运商的主要营运商进行对标管理；2005年，董事长出席全球标准化组织理事会；2005年，综合超市业务引进有跨国公司经验的管理人员，便利店的发展模式借鉴国际通用经验，选择加盟发展模式为主	从门店的购物环境、商品品类、服务水平等方面进行全方位的更新升级，向国际化的大卖场看齐	1999年，引入ISO9000质量认证，推动了管理的标准化和规范化，为连锁经营提供了管理保障；2000年和2005年，聘请国内著名流程管理专家，成立流程管理领导小组，对公司流程进行梳理；2004年，引入平衡计分卡；2005年，引入精益六西格玛管理理念；2012年，推进ISO22000质量管理体系

第二，合作是企业管理学习的重要方式。这五家案例企业通过与企业以及高校合作（如与 IT 企业、供应商、咨询公司、高校等建立战略联盟），引进国际先进的管理信息系统，进而将嵌入在管理信息系统的管理理念与管理方法一同引进到企业的管理实践中。随着信息技术被广泛应用于企业的管理活动之中，管理信息系统逐渐成为企业现代化管理理念的重要载体，这促使零售行业从劳动密集型行业逐渐转型为一个技术密集型以及知识密集型的行业。

第三，建立培训中心等学习机构是企业促进管理知识在企业内部快速扩散的重要方式。在开展管理学习的过程中，这五家案例企业都积极设立培训中心，甚至成立了企业大学。这五家案例企业通过在企业内部构建系统的培训与学习体系，不断推动先进的管理知识在企业内部实现快速的传播与扩散，帮助企业员工（从管理层到基层员工）更好地理解与应用企业所引进的现代化管理知识，进而为新管理理念在企业内部的推行与应用提供良好的企业环境。

第四，企业通常采用多种学习途径开展管理学习，诸如参观考察、与供应商合作、引进具有国际管理经验的人才、设立培训中心、与国际企业合作、海外并购、与管理咨询公司合作等。这五家案例企业在开展管理学习时，都综合运用多种学习途径引进国际最佳管理实践知识。随着企业管理学习进程的推进，这五家案例企业管理学习行动的重点也逐渐从关注外部管理知识的获取行动逐渐转变为关注内部消化与吸收管理知识的管理学习行动。

第五，企业的管理学习行动与企业的战略目标具有一致性。在开展管理学习的过程中，这五家案例企业的管理学习行动与其战略方向是一致的，案例企业实施管理学习是为了更好地实现企业的战略目标。在企业战略的各个执行阶段，企业通过资源配置来支持企业决策。在案例企业的管理学习行动中，这五家案例企业都不同程度地对企业组织结构进行调整，这正显示了案例企业通过调整资源配置以支持企业引进与应用先进管理知识。

5.3.2　关键要素分析

在梳理案例企业管理学习行动的同时，依据本章开头所提出的理论分析框架，本节借鉴扎根理论的三步编码法，进一步对影响案例企业管理学习实践的相关数据资料进行编码。具体编码步骤如以下所示。

第一步，开放式编码阶段（opening coding）。开放式编码是数据编码分析的第一步，这一步骤主要针对案例企业的初始数据资料展开分析。所谓开放式编码，是指研究者通过对所收集的原始资料进行的初步整理，该阶段的整理过程通常包括资料分析、概念的初步提炼与归纳等。契合和相关是扎根理论分析中关于数据编码与分析的两个重要标准，也是案例研究者进行数据编码与分析需要遵守的重要标准。通过对数据进行初始编码，研究者能够通过对原始资料逐字逐句地编码达到这两个标准。由于开放式编码的本质在于研究者通过不断的分析初始数据与修正数据编码结果，从丰富的原始数据中提炼出与现实最为相近的概念，因此，研究者能够借助初始编码步骤不断修正其所提炼出的概念，进而能够较好地提高概念与现实的契合度和相关性，从而使编码结果实现对现象的最佳反映。通过对这五家案例企业资料的整理与分析，最终提炼出初始范畴。表 5.4 是开放式编码过程与结果。

表 5.4　开放式编码过程与结果

典型引用	初始范畴
1992 年，我国商业领域开始对外资开放；根据中国加入 WTO 的承诺，中国于 2004 年 12 月 11 日取消对外商投资商业企业在地域、股权和数量方面的限制……	国内市场开放
1991 年 3 月，《关于坚持和完善企业内部经济责任制的意见》；1992 年 5 月，《股份制企业试点办法》，规定股份制企业试点的原则、组织形式、股权设置等；……2003 年，《关于进一步明确国有大中型企业主辅分离辅业改制有关问题的通知》；2004 年，《关于加快东北地区中央企业调整改造的指导意见》；2005 年，《国务院关于 2005 年深化经济体制改革的意见》……	健全企业机制的相关政策
1991 年 6 月，《"八五"企业管理现代化纲要》，推动经营模式由粗放向精细化转变；2002 年，《关于大力推进企业管理信息化的指导意见》；2009 年，《关于进一步推进中央企业信息化工作的意见》，《关于进一步促进个体私营经济发展的若干意见》……	推动企业管理现代化的政策
全球 50 家最大额零售商绝大部分已进入中国，他们在中国的扩张步伐已从导入期转向了大规模布点的快速扩张期……	外资与本土企业的竞争加剧
连锁零售公司在中国零售市场的扩张步伐继续加快，大型综合超市的布局进一步向全中国各级城市渗透……零售企业的增长方式正在从销量导向转为效率导向……	本土竞争加剧

典型引用	初始范畴
连锁超市行业面临剧烈的市场结构调整压力，线上线下零售商正逐步实现渠道混合，连锁零售业发展正面临巨大挑战……随着线上网购消费日渐成熟，电子商务发展开始与线下实体零售企业进一步互融，对传统实体零售企业构成了冲击……	来自电商的压力
2006年，国美在中国七大业务区成立管理学院分院，搭建全方位培训体系；成立店长学院；构建和升级 E-LEARNING 在线学习平台；开设执行力、专业技能等方面的培训，提高员工工作技能和管理者的管理技能；开展绩效管理方面的培训项目；整理并公布二百六十多项岗位资质认证的标准；在北京和硅谷成立研发机构；苏宁大学成立电商、IT 等多个二级学院……	构建企业学习体系
1999年7月，国美首次走出北京，正式实施全国连锁经营战略；2005年，国美实施扩张计划，重视二级城市的连锁网络布局……	规模扩张
2007年，国美通过主推、包销、定制、ODM 等多种方式实施差异化经营，提升综合盈利能力	差异化经营
2006年，国美成立了大客户部以大力发展团购业务；2007年，国美成立通讯中心；2012年，国美将培训体系从人力资源中心独立出来，成为具有独立管理运作和发展能力的一级管理组织……本集团通过优化授权及流程，做到组织机构的扁平化，提升效率……	调整企业的组织结构
2006年，国美一方面进行门店扩张，另一方面逐渐转向门店的精细化管理，以提高单店效率……	经营方式转型
2006年，国美的电子商务销售额月均以200%以上的速度增长，电子商务销售将从宣传平台逐步转化为销售平台；2010年，国美推出了全新的电子商务平台与网络营销策略，这标志着国美全面进军电子商务战略的具体实施；国美将2011年作为电子商务发展元年，迅速构建起面向未来的电子商务体系，并将本集团既有的传统行业优势同电子商务行业特性结合起来……	重视电子商务发展
2005年，国美开展企业资讯化建设，进行 ERP 系统的升级与改造，并构建了安全库存管理系统和会员服务子系统；国美集团的企业信息化系统包括基础网络安全信息系统、集团总部 DID 语音系统、视频会议信息系统、财务信息系统、B2B 及 B2C 电子商务信息系统、企业电子邮件系统、办公自动化网络、客户关系管理系统等；国美管理层认为资讯技术的建设，是关系集团提高营运效率，节约成本，提高客户服务水平的重要因素；为加快业务的优化转型，国美对供应链系统、物流系统、信息系统等软硬件建设和管理模式都进行了升级，提高国美自身管理能力的同时，也提高了与供应商、消费者的信息对接能力……	管理信息系统的构建

典型引用	初始范畴
国美集团非常重视人才梯队的建设和储备优秀连锁业经理人才，自 2002 年实施蓄水池人才培养工程以来，7 年内共吸纳各类优秀大学毕业生 6 300 人……为公司在业务拓展和专业管理方面储备了大量的优秀人才；本集团认为人才是企业最有价值的资产……形成了一套完整的用人晋升标准……本集团的人力资源政策是事实战略成功的重要因素之一……	重视人才资源

　　第二步，轴心式编码阶段（axial coding）。轴心式编码阶段是数据编码与分析中的第二阶段，该阶段主要针对开放式编码阶段所得出的初始范畴展开分析。所谓轴心式编码，是指研究者通过对初始范畴进行整合与深入分析以发现其中存在的逻辑关系，该阶段的分析目的在于通过分析初始范畴整理得出副范畴和主范畴。首先，通过对初始编码进行整合与分析，提炼出副范畴；其次，依据"条件—行动/互动—结果"的结构框架，将具备这一逻辑关系的副范畴进一步整合为一个主范畴。按照这个编码步骤，本节最终整理得到 17 个主范畴。表 5.5 是轴心式编码过程与结果。

表 5.5　轴心式编码过程与结果

副范畴	主范畴
国内市场的外商进驻数量 本土企业跨国化经营程度	经济开放性
健全企业经营机制的政策 推动企业管理现代化的政策	管理升级类的政策支持
市场需求 外资竞争 电商竞争	市场竞争
交通设施落后 物流基础	基础设施
旧制度残留、市场机制不完善	制度变革的持久性
信息技术 支付技术 物流技术	技术的更新

续表

副范畴	主范畴
电子商务技术	技术的商业模式效应
门店管理系统 仓储系统 配送中心设计	技术类知识
零售经验 管理理念 管理技巧	技巧类知识
传统经营思维	历史路径
企业改制经验、跨国经营经验	知识基础
与高校合作	管理知识联结
与政府合作	政治联结
高管 人才资源	吸收能力
人才晋升机制、培训体系	知识管理体系
规模扩张战略 差异化战略 精细化战略 O2O战略	企业战略
部门调整	组织结构

第三步，选择式编码阶段（selective coding）。选择式编码阶段是数据编码与分析中的最后一个阶段，该阶段主要针对主范畴展开编码。所谓选择式编码，是指研究者通过对主范畴进行进一步整合与提炼，以获取核心范畴的过程。从具体的编码工作来看，选择式编码的工作内容包括浏览资料和前述步骤的编码工作，以及有选择地查找那些能够说明主题的个案，并不断对资料进行比较和对照分析。通过解析主范畴和整合主范畴两个步骤，完成对主范畴的选择式编码工作。

1. 解析主范畴

主范畴"经济开放性""管理升级类的政策支持"反映了中国零售企业

所处外部环境中有助于推动企业向国外先进零售标杆企业学习管理知识的因子。在国内外经济开放度不断加大的背景下，一方面，企业有机会直接接触国际优秀企业，由于这些国际优秀企业在管理方面往往具有一定的优势，它们所具备的先进管理知识在其国际化过程中不断扩散到企业外部，进而为东道国的企业观察、获得该类管理知识提供了机会。因此，东道国企业在国际领先企业知识溢出的帮助下，能够更快地接触和获取国际最佳管理实践知识。另一方面，国内本土企业为了走出国门、参与全球经济以及应对激烈的国际竞争，需要向行业内成功的国际化企业学习。这样，广泛的管理知识溢出效应推动了本土零售企业管理学习的进程。政府所出台的各项关于健全企业经营机制和企业管理现代化的政策，为企业开展管理学习提供了"合法化"的动力。

主范畴"市场竞争""基础设施"反映了中国零售企业所处的行业环境的两个特征：竞争激烈，行业发展所需的基础设施不够完善。这两个行业特征表明，中国本土零售企业面临着巨大的行业竞争压力，并且是在相对落后的基础设施条件下运营。一方面，中国本土零售企业面对激烈的市场竞争，这促使中国本土零售企业必须积极学习标杆企业的先进管理知识，通过提高管理能力来应对激烈的市场竞争。另一方面，落后的基础设施制约了中国本土零售企业对先进管理知识的应用。诸如基于信息技术管理方法的应用要求企业所在地区或是国家具备完善的通信基础设施、快捷的物流体系、数据传播与应用程序等条件，而这些基础设施与设备在中国发展早期是处于落后状态的。

主范畴"制度惯性"反映了旧制度在惯性的作用下依旧对企业的运营与发展产生重大影响。中国正处于转型经济时期，由于经济转型是一个长期且涉及多方面变革的过程，因此，中国将在很长一段时间处于转型阶段。这意味着，中国本土零售企业在相当长的时间内都会处于制度变革之中，旧制度对中国本土零售企业的经营发展仍将产生很大影响。当中国本土零售企业引进产生于西方市场经济背景下的现代化管理实践知识时，这类知识在企业的应用过程将受到旧制度要素的制约。

主范畴"技术的更新"和"技术的商业模式效应"反映了环境中技术因素是影响企业管理学习的重要因子。随着信息技术的更新换代，零售行业逐渐转变为一个技术密集型和知识密集型的行业。首先，信息技术在企业中的应用遍及各个部门，逐渐改变了企业传统的管理方式，推动企业进行管理手段的变革。其次，电子商务技术的发展推动了零售企业商业模式的创新。随着电子商务逐渐成为零售企业新的盈利模式，本土零售企业开始重视引入与学习现代化管理方法。

主范畴"技术类知识"和"技巧类知识"反映了影响中国本土零售企业管理学习效果的知识类因子。根据管理知识的属性，可以将管理知识分为技术类知识和技巧类知识。其中，技术类知识主要包括以电子信息技术等为基础的知识，诸如支付管理系统、客户关系管理系统、供应链管理系统等；技巧类知识主要包括管理思维层面的知识，诸如供应链管理思想、精细化管理思维、品类管理等。对于不同属性的管理知识，其环境嵌入性不同。其中，技术类管理知识比较容易转移，而技巧类管理知识由于具有较强的环境嵌入性而难以转移。

主范畴"企业战略"和"吸收能力"反映了企业层面驱动企业管理学习的重要因子。企业战略是指引企业实施具体战略行动的方向盘，企业的管理学习实践也是在企业战略指引下的重要决策。五家案例企业的管理学习行动都与它们的战略目标表现出高度一致性，这也反映了企业战略对企业管理学习实践的指引作用。吸收能力是企业学习能力的重要体现，直接决定了企业管理学习的效果。首先，企业的吸收能力随着其知识积累会逐渐提高。从企业各个发展阶段的管理学习绩效可以看出，企业早期的管理学习绩效通常较差，而企业后期因为吸收能力提升而通常具有较高的管理学习绩效。其次，企业的吸收能力因企业类型而不同。对于资源丰富的企业来说，由于它们具备优质的人才资源以及雄厚的知识基础，该类企业通常具备更高的吸收能力，因此这类企业更容易取得较好的管理学习绩效。

主范畴"历史路径""管理知识联结""政治联结""知识管理体系""组织结构"反映了影响中国本土零售企业管理学习的企业层面的因素，这些因素随着企业对先进管理知识的引进、消化和应用不断发生变化。"企业文化"是指企业在发展过程中所保留的一些有关企业自身特征的历史基因；"管理知识联结"是指企业通过与一些研究院所合作所构建的有关知识的联结；"政治联结"是指企业通过高管兼职等方式与政府机构所构建的联结；"知识管理体系"是指企业为了推进先进知识在其组织内部的消化、吸收和应用，所构建的知识获取、培训、人才晋升等流程与机制；"组织结构"是指企业为了更好地吸收其所引进的先进管理知识，所成立的诸如专业化培训中心、研发中心和企业大学等促进企业学习的部门与机构。在本节所讨论的案例企业中，部分案例企业将培训中心从人力资源部门独立出来，这种组织结构上的调整足以反映出企业对管理学习的重视。

2. 整合主范畴

首先，通过对编码所得到的各个主范畴进行解析，可以发现，企业外部环境中的经济因素、政策因素、技术因素和竞争因素是驱动企业开展管理学习实践的重要因素，属于中国企业管理学习实践的动力要素；另外，企业层面的企业战略和吸收能力因素是驱动中国零售企业管理学习的微观层面的因素。根据上述因素的作用，本节提炼出一个核心范畴"驱动性因子"，这类因素体现了驱动中国本土零售企业管理学习的因素特征。

其次，外部环境中的基础设施因素、制度因素以及企业层面的历史路径因素是制约中国本土零售企业管理学习的主要障碍。根据上述因素对中国本土零售企业管理学习的作用，本节提炼出第二个核心范畴"制约性因子"，这类因素体现出它们对中国本土零售企业管理学习进程的制约性特征。

再次，企业层面的管理知识联结因素、政治联结因素、知识管理体系因素、组织结构因素，随着中国本土企业开展管理学习的需求变化而不断发生变化。对于这类影响因素，中国本土零售企业通过调整企业在这类因素上的决策行动而影响企业管理学习的进程。鉴于这类因素的特征，本节提炼出第三个核心范畴"响应性因子"，这类因素反映了企业自身对其管理学习行动需求的响应性特征。

最后，技术类知识和技巧类知识是影响中国本土零售企业管理学习的知识属性因素。根据吸收能力理论，知识属性的差异直接影响企业获取与消化知识的难易程度。其中，具有显性特征的知识容易被学习者识别与获取，故该类知识更加容易被学习者理解、消化和应用；而具有隐性特征的知识由于常常嵌入在一定的社会历史背景之中，这类知识难以被学习者识别与获取，故学习者在理解、消化和应用该类知识时通常面临较大的障碍。通过将编码结果与企业学习领域的相关理论进行对接，本节最终提炼出"显性因子"和

"隐性因子"两个核心范畴，这两个核心范畴反映了企业管理学习的知识内容所具备的显隐性特征。

在上述编码过程中，本节不断将数据编码结果与相关领域的主要理论进行对接与迭代，最终得到 5 个核心编码和 17 个主范畴。其中，在轴心式编码过程中，通过与 TOE 理论进行对话，本节最终提炼出环境层面因子、组织层面因子和技术层面因子，这些编码结果来源于 TOE 理论的相关知识点；通过与制度理论的相关知识点进行对话，本节最终提炼出制度层面因子；通过与知识转移的相关理论进行对话，本节最终提炼出知识层面因子。图 5.7 是编码结果。

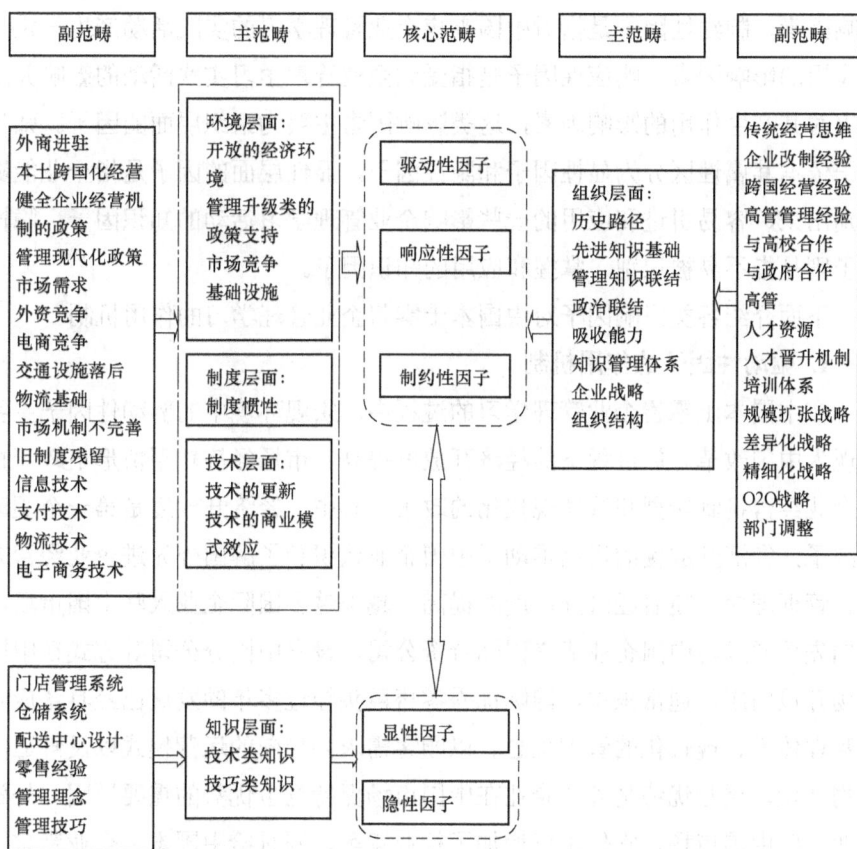

图 5.7 编码结果

5.3.3 企业管理学习的因子模型

上述五家中国本土零售企业的管理学习实践显示，影响中国零售企业管理学习的因素可以划分为三个层面，分别为宏观层面因子、中观层面因子和微观层面因子。其中，宏观层面因子包括政治、经济、社会文化、技术和制度等方面的相关因素；中观层面因子是指行业层面的因子，包括行业基础设施以及行业存在的竞争情况等；微观层面因子包含企业层面因子和知识层面因子。另外，根据每一层面中各因子所具备的特性，又可以将上述影响因子进一步划分为驱动性因子、制约性因子、响应性因子、显性因子和隐性因子。其中，驱动性因子是指对中国零售企业管理学习的实践活动起到推动作用的影响因素，制约性因子是指对中国零售企业管理学习的实践活动产生一定负面作用的影响因素；响应性因子是指受到企业管理学习实践活动的影响并反过来对其产生作用的影响因素，这类影响因素主要为组织层面的因子。知识因子依据其属性区分为显性因子和隐性因子，显性层面的因子是指企业能够识别出来、容易引进和应用的一些影响企业管理学习活动的知识因子；隐性因子则是指不易被识别、掌握和应用的知识因子。

下面介绍各类影响因子对中国本土零售企业管理学习的作用机制。

1. 驱动性因子的作用机制

在中国本土零售企业管理学习的过程中，宏观环境中的驱动性因子主要体现为中国改革开放进程下的经济开放度提高、市场经济转型情形下政府推进企业经营机制转型和管理现代化的政策。其中，经济开放度是第一个驱动性因子，经济开放度的提高推动了中国企业认识和了解国外先进企业经营方式、管理理念。随着经济开放度的提高，越来越多国际企业入驻中国市场，它们先后通过与中国企业成立国际合资公司、设立中国分公司等方式在中国市场开设门店。通常来说，国际优秀零售巨头经过多年的发展已经具备成熟的管理体系、现代化的管理理念、以顾客需求为导向的运营模式以及舒适的购物环境，这些优势是外资企业在中国市场保持竞争优势的重要原因。外资企业进驻中国市场，它们不仅增加了行业竞争，同时给中国本土企业带来了先进的管理知识，帮助中国本土零售企业接触、了解与学习国际领先管理知识。诸如，1996 年，法国零售企业家乐福进入中国市场，中国本土零售企业联华与法国零售巨头家乐福合资建立了中国本土市场上的第一家大型综合超市；随着国际管理咨询公司进驻中国市场，国美、苏宁等中国本土零售企业通过与国际优秀管理咨询企业（如 IBM 等）合作引进先进管理知识。

中国转型经济背景下的政府政策是中国本土零售企业所处宏观环境的第二个驱动性因子。为了促进中国市场经济转型的顺利完成，中国政府制定了许多有助于实现计划经济向市场经济转型的引导性政策和支持性政策，尤其是在推进中国本土企业经营机制转型和管理现代化变革方面。这些驱动性政策为中国本土零售企业开展管理学习提供了两个方面的帮助：一方面，这些驱动性政策是国家制定的关于中国本土企业未来发展的方向性文件，它们能够为中国企业开展管理现代化提供指引；另一方面，作为国家出台的政策，这类驱动性政策具有一定的权威性，它们能够为中国企业学习与应用先进的管理现代化知识提供制度保障。

环境中的技术因子也是企业所处宏观环境中驱动中国本土零售企业开展管理学习的重要因素。随着信息技术更新速度的加快以及信息技术在企业管理中的广泛应用，信息技术对零售企业所采纳的传统商业模式产生了颠覆作用，这致使中国本土零售企业通过强化信息系统在企业管理中的应用来加快企业管理的现代化进程。在五家案例企业中，国美、苏宁、联华、永辉以及天虹都积极与 IBM 公司、惠普公司、SAP 等国际信息技术与咨询公司合作，通过合作引进客户关系管理系统、ERP 系统、人力资源管理系统、自助收银系统、自助会员建卡发卡系统等国外先进管理信息系统，有效强化了企业对国际先进零售实践知识的学习与引进，最终改善了企业管理水平。

在影响中国本土零售企业管理学习的因素中，来自企业所处中观环境的驱动性因子主要体现为日益激烈的市场竞争。在激烈的竞争环境中，企业更容易产生强烈的学习意向，企业将更加希望通过引进国外先进管理方法快速提高其管理能力以及获取竞争优势。因此，市场竞争不但有助于中国本土企业认识到企业运营管理所存在的弊端和不足，还能为中国企业学习国外先进管理知识和提升市场竞争力提供动力和压力。随着中国经济改革开放的力度不断加大以及经济全球化趋势的迅速扩张，中国本土零售企业面临的竞争愈发激烈。为了对抗国际先进零售企业对中国市场的争夺，国美、苏宁、联华、永辉及天虹等中国本土零售企业纷纷加大企业在学习国际零售管理知识上的资源配置，它们通过与 IBM 公司、SAP 公司等国际公司合作引进国际通用的管理信息系统。诸如，2010 年，国美集团通过与 SAP、惠普公司开展国际合作，快速构建并改善了公司的信息化管理能力；2007 年，苏宁通过与 IBM 公司在企业管理、流程变革、应用系统开发与 IT 管理等多个领域开展合作，有效实现了企业管理水平和 IT 能力的提升；2005 年，联华通过与 IBM 公司建立战略联盟，有效实现了企业供应链的构建以及供应链管理能力的提升；2012 年，永辉通过与 SAP 公司、IBM 公司开展国际合作，有效实现了企业业务及财务一体化管理体系的构建以及管理水平的提升；自 2009 年起，天虹商场组织成立了专门的信息系统考察团队，并通过与鼎捷软件股份有限公司（原神州数码管理系统有限公司）合作构建了天虹零售经营综合信息系统（简称"R3 系统"），最终有效提高了企业的信息管理能力和战略执行力。在国内外竞争日益激烈的背景下，为了构建能够对抗国内外竞争对手的战略竞争力，这五家案例企业耗费巨额资金搭建企业管理信息系统以改善企业信息化管理水平。

以上介绍的各类因子属于外部驱动性因子。其中，企业所处环境中的经济转型因子和政策因子为中国本土零售企业引进和应用现代化管理知识提供了便利条件和合法化的宏观和中观制度环境；技术因子降低了中国本土零售企业认识和获取先进管理知识的壁垒，为中国本土零售企业引进基于信息系统的信息化管理方法提供了便利性；企业所处行业环境中的竞争因子为中国本土零售企业进行管理现代化改革提供了压力和动力。

驱动企业管理学习的因子不仅来自企业外部，还有可能来自企业内部。内部驱动因子主要来自企业层面的因素，诸如企业战略以及企业的吸收能力。首先，企业战略是驱动企业开展管理学习的第一个内部因子。企业的战略目标是指引企业战略决策的主要因素，也是引导企业采取具体管理学习实践行动的重要因素。纵观上述五家中国本土零售企业的战略演化过程，可以发现五家企业的战略选择基本都经历了从规模化扩张到精细化发展再到全渠道战略的演化历程。结合案例企业的管理学习实践可知，当企业的战略目标是扩大企业规模时，企业则会注重打造一个容易复制的连锁体系，以便企业在全国范围内实现迅速扩张。在规模化扩张的战略目标下，连锁经营体系、配送中心的管理、客服体系的构建等国际最佳零售实践经验就成为案例企业开展管理学习的重点内容。在 2006 年以前，国美重点推进会员制的相关工作，并积极搭建了客户关系管理系统、供应链管理系统、ERP 系统等；在 2005 年以前，苏宁积极上线 ERP 系统以推进企业的连锁化发展模式，并启动全国一体化物流配送体系建设工程以支持其连锁化发展模式；在 1997 年之前，联华在全国范围内首先引进计算机管理系统，以支持其连锁化扩张模式；永辉通过与 IBM 等国际先进公司合作引进企业内部管理系统，诸如顾客关系管理与服务系统、电子商务平台、JOYA 自助购物系统（亚洲第一家）、自助收银系统、自助会员建卡发卡系统、自助查价机等系统设备； 1995 年，天虹引入商业 POS 电脑化管理系统和综合性信息处理系统，并在企业规模化扩张阶段构建了物流中心以支持其全国性扩张的战略目标。当企业的战略目标转变为实现精细化发展时，案例企业则将管理学习的重点放在引进与学习国外零售实践中的品类管理、店面管理、绩效管理、质量管理等最佳管理实践知识，以提高企业的内部管理能力和精细化发展水平。诸如，在联华的精细化发展阶段，联华于 2004 年开始与日本永谷园株式会社合作开发引进了具有便利特性的多种商品，实施商品管理；2005 年，联华通过与国际著名自主品牌运作商开展国际合作，借助国际著名自主品牌运作商在开发产品方面成熟的经验与模式来提升联华自主品牌的开发能力；2008 年，联华开始在商品管理和门店经营上推进品类管理理念和实践，提高企业的商品经营能力。在精细化发展战略的指引下，永辉也将企业资源配置的重心逐渐转移到对商品、门店的管理投入方面。2011 年，永辉组建创新工作小组，由该小组负责公司在品类管理、数据化应用等方面开展实验性创新；2012 年，永辉开始注重优化品类结构以及加强商品管理，公司引入 JDA 棚格图管理，有效提升了超市的卖场平效；2014 年，永辉的服装事业部引入色码管理方法，有效提升了服装领域的商品管理能力。当企业的战略目标转换为全渠道战略时，案例企业开始将学习对象从家乐福、沃尔玛等优秀线下零售企业转向亚马逊等在线零售网站。由此看来，企业每一阶段的战略目标是企业开展管理学习实践活动的内部驱动因素，为企业采取具体的管理学习行动提供了指引。

　　其次，吸收能力是驱动企业开展管理学习的第二个内部因子。通常来说，吸收能力强的企业更容易理解、消化、吸收和应用新的管理知识。国美、苏宁等案例企业在引进先进的管理知识系统时，与它们合作的国际企业（诸如IBM等）通常会派驻部分"专家团队"来负责指导案例企业运用新系统，案例企业自身也会组建专门的内部团队来推动新知识在企业内部扩散（诸如一些内部培训中心、项目推进小组等）；另外，在引进一些新零售业态时，企业通过引入具有相关从业经验的高级管理人员能够帮助企业更加快捷和准确的理解和吸收新知识。诸如，联华在引入大型综合超市业态时，其通过引进具有丰富跨国从业经验的国际化管理人才加快企业对新知识的理解与应用。案例企业的以上做法提高了企业员工对新知识理解、消化、应用的能力，以及降低了所引进的管理知识在企业内部流动的壁垒，从而更加有利于企业学习新知识并取得良好学习效果。

在中国本土零售企业的发展过程中，上述驱动性因子对于推动中国本土零售企业开展管理学习发挥了重要的推动作用。其中，外部环境中的技术、经济、政策等因子为企业引进先进管理知识提供了合法化的外部环境，企业战略为企业引进与应用先进管理知识提供了合法化的内部环境；而企业的吸收能力则为企业通过引进、吸收先进管理知识构建竞争优势提供了知识基础。图 5.8 是管理学习的驱动性因子模型，反映了影响企业管理学习的内外部驱动因子。

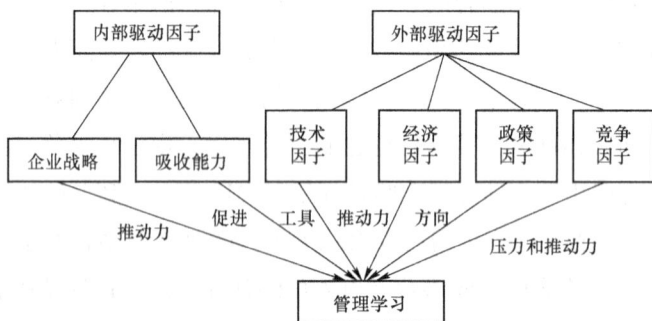

图 5.8　管理学习的驱动性因子模型

2. 制约性因子的作用机制

除了驱动性因子外，中国本土零售企业的管理学习过程还受到制约性因子影响。这些制约企业开展管理学习的因素分布在三个层面：宏观层面、中观层面和企业层面。首先，宏观环境中的制约性因子主要指不彻底的制度转型,即中国在由计划经济向市场经济转型的过程中而遗留下来的计划经济特征。虽然政府在政策方面出台了许多支持市场化转型的政策,但由于任何一个制度的变革都不是短期内能够完成的,一些旧制度势必会在新旧制度更替过程中保留下来,那么这些被保留下来的旧制度对新体制下企业的发展会产生一定的阻碍性。因此,制度转型的不彻底性在一定程度上会制约中国本土企业管理学习的效果。自改革开放以来,中国政府就出台了一系列相关政策以推进中国市场机制的转型,但计划经济体制下所形成的"政府主导机制"的效应在全国范围内依然存在,诸如地方保护政策使企业在引进连锁化经营模式时遇到一定的"政治门槛"。为了应对转型经济中所存在的制度缺失问题,许多中国本土企业积极与国家机构建立政治联结。诸如国美、苏宁等零售企业都积极参与政府组织的相关活动,以此改善企业与政府机构的关系。

其次,中观环境层面的制约性因子主要指行业基础设施落后。由于中国国土面积大、人均 GDP 水平较低,这增加了中国基础设施建设的困难,导致公共设施中诸如交通运输工具、道路建设、信息网络、通信设施等发展相对落后,进而阻碍了企业采纳现代化的企业经营管理方式。因此,相对落后的行业基础设施建设会阻碍中国本土零售企业采纳与学习国际最佳管理实践。以案例企业的管理学习实践为例,诸如国美、苏宁、联华、永辉等案例企业纷纷投入大量资金开发供应链管理系统、建设配送中心以及物流中心等,然而,案例企业并没有因为引入这些现代化的管理理念以及管理平台而获得与国外零售企业相同的竞争优势。造成中国本土零售企业管理学习效果不佳的主要原因在于,中国的交通设施建设远远落后于西方发达国家,这导致案例企业所引进的先进的物流及仓储管理系统难以真正发挥作用。

最后,在企业层面,历史路径是制约企业开展管理学习的主要内部制约性因子。中国本土零售企业在计划经济体制下形成的组织惯例对企业经营具有长期影响,这些组织惯例通常以企业经营经验的形式保留在企业文化之中,并深深嵌入在企业管理层和员工以及组织之中。当中国本土零售企业采纳市场经济体制下的现代化管理运营模式时,企业需要重新构建适用于市场经济体制下的组织惯例,但企业在旧体制下所形成的组织惯例与新惯例会产生一定的冲突与矛盾,这种矛盾将制约企业内部新惯例的形成。因此,企业对旧惯例的依赖性不利于其学习、吸收新的管理知识。在五家案例企业中,国美、苏宁等案例企业均为民营企业，它们成立于计划经济体制下，其管理机制、组织结构均为计划经济体制下企业发展的产物。随着计划经济向市场经济体制转型，国美、苏宁等案例企业在国家政策的指引下也开始实施转型发展，但计划经济体制下企业所形成的企业文化、历史路径仍然在一定程度上影响着企业决策的制定与实施。中国市场经济体制的改革需要经历一个由计划经济向市场经济转型的过渡期，那么，中国本土零售企业需要具备能够兼顾到两种市场机制的企业经营机制。这在一定程度上加强了企业保留部分原有组织惯例的动机，但是原有的组织惯例与先进的管理理念之间存在一定的冲突，这种冲突会阻碍企业引进新的管理知识。诸如国美在其发展中所经历的"股权之争"事件，该事件就反映了本土企业在学习国外经营管理理念中所遇到的新旧理念之间的冲突。

通过上述分析可知，制度转型的不彻底和行业基础设施建设的不完善性以及企业所具有的历史路径是制约中国零售企业管理学习的重要因素，该类制约因素致使中国本土零售企业在应用现代化的管理知识时面临基础设施缺失和制度缺失，以及企业传统经营机制中"残留部分"的阻碍，这些制约因素加大了最佳管理知识在企业内部获得合法性的挑战。本节根据上述讨论构建了图 5.9 管理学习的制约性因子模型。

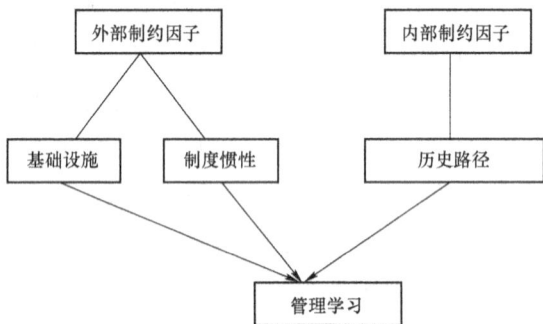

图 5.9　管理学习的制约性因子模型

3. 响应性因子的作用机制

在中国本土零售企业开展管理学习的过程中，响应性因子是企业为适应管理学习行动需求可以自主调整的因素。上述五家案例企业的管理学习实践显示，响应性因子主要包括组织层面的企业现代化经验积累、管理知识联结、政治联结、知识管理体系、组织结构等因素。首先，企业现代化经验积累是第一个响应性因子。企业开展管理学习的目的在于为企业输入新的知识血液，进而帮助企业形成适应市场经济体制要求的组织惯例。对于很多中国企业来说，上市是企业实现企业经营机制转换的重要途径之一。经过上市前的准备、上市中的审查及上市后的监管等程序，企业已经实现现代化管理体系的引进、改善及升级，并在该过程中逐渐积累与先进管理知识相关的知识基础。在五家案例企业中，国美、苏宁、永辉虽然是民营企业，但是这三家案例企业通过上市前、中、后三个阶段的准备工作，有效整顿与改进了它们原有的粗放型经营模式。对于准备上市的中国企业来说，聘请专门的上市辅助机构帮助企业梳理管理体系、改制整顿、规范经营机制等是非常重要的准备工作。诸如国美、苏宁等案例企业，它们在上市准备阶段也都通过聘请国内外知名的会计师事务所、金融机构开展上市辅助活动。通过上市前的辅助活动，国美、苏宁等案例企业都成功建立了科学、规范的财务管理体制、企业治理机制。另外，在案例企业成功上市后，案例企业依然围绕已建立的现代化企业治理机制持续引进与改善相关的管理系统以及管理手段，并在企业运营过程中积累了更加广泛的现代化管理经验。根据吸收能力理论的相关研究成果，具备相似的经验知识有利于企业对新知识的理解和应用，而企业引进的先进管理知识又能够进一步丰富企业的现代化管理经验，进而改善企业的吸收能力。

其次，管理知识联结是影响中国本土零售企业开展管理学习的第二个响应性因子。这五家案例企业的管理学习实践显示，企业通过构建与高等院校、研究机构和咨询机构的联结关系，有助于企业扩大其获取和交流先进管理知识的平台，进而加快企业对其所引进的新管理知识的消化和吸收。在五家案例企业中，国美、苏宁、联华等案例企业通过与国内外知名的高等院校（诸如清华大学、北京大学等）、国际化咨询机构（IBM、惠普、SAP 等）合作建立企业培训机构、成立企业大学及派出高管及员工培训等，这显示了企业外部的学习平台是其开展管理学习的重要来源。

最后，政治联结是影响中国本土零售企业管理学习的第三个响应性因子。通过与政府机构建立一定的关联关系，企业获取并积累政府资源，这有利于企业在转型经济以及制度缺失背景下获得政策支持、稀有资源、行业政策趋势方面的信息等。在国美、苏宁等案例企业的发展过程中，它们所采取的管理学习行动依赖当地政府的支持，诸如这些案例企业引进与建设国际化领先的仓储管理体系、物流体系，但仓储中心、物流中心等都需要获得当地政府的大力支持。这五家案例企业所采纳的电子商务模式是产生于西方发达国家市场化经济情境下的经验总结，电子商务模式的正常运行也需要国家或地方政府能够提供与线上交易相关的法律与制度保障，但是中国互联网相关的政策、法律系统发展滞后，这导致采纳电子商务模式的企业普遍面临合法性缺失的问题。鉴于上述分析，全渠道战略、支付电子化以及客户关系管理等先进管理理念的落地都离不开国家或是地方政府所提供的支持政策。

另外，建立内部学习平台是影响企业管理学习的第三个响应性因子，其包含了企业内部知识管理体系的构建以及组织结构的调整。这五家案例企业的管理学习实践表明，为了更好地引进与学习国际最佳管理实践经验，案例企业通过不断完善企业内部的培训与学习体系加速了先进管理知识在企业内的传播与扩散。诸如，在采纳与推行连锁化发展模式、供应链管理、客户关系管理、电子商务模式等国际最佳零售行业管理知识时，国美成立了专门的培训中心、片区化的国美管理学院分院来推动公司内部对新知识的理解、消化与吸收、应用，有效提高了公司员工的工作技能和管理者的管理能力；苏宁在学习、引进供应链管理思想时，通过与三星等供应商合作成立诸如三星苏宁营销学院为公司的员工提供技能培训工作，有效改善了公司员工的销售技能；联华为了促进国际先进管理知识在公司内部的传播与扩散，其在2005年时加强了公司培训部门关于管理知识课程的开发工作，并要求公司培训部门将培训课程的重点转为管理类培训课程。由上述案例企业的管理学习实践可以看出，企业现代化管理知识的积累、管理知识联结、政治联结、知识管理体系、组织结构这些因素的变动是企业为了响应其管理学习实践而采纳的主要行动，案例企业根据其管理学习进程调整上述因素，因此将这些影响因素称为影响企业管理学习的响应性因子。

响应性因子对企业管理学习的作用主要表现在两个方面。一方面，案例企业通过改变响应性因子获取企业在内外部环境中的合法性地位。诸如国美、苏宁等案例企业通过上市、参观及考察等方式获取先进管理知识后，企业实现了有关现代化管理经验的知识累积，进而为企业后期引进现代化的管理理念、管理工具及方法提供了一个有助于知识扩散的内部环境，促进新的管理知识在企业内部获得合法性。再诸如，国美、苏宁等案例企业将培训中心从企业组织结构中独立出来或成立专门的企业大学；苏宁在发展电子商务时，成立专门的部门以支持公司 B2C 网站的升级与优化工作；苏宁通过建立行政管理总部来提升公司内部的组织管理水平，为苏宁引进各项信息化管理系统提供组织支持。案例企业所开展的上述组织结构变革，都是企业为促进管理学习所进行的组织结构上的调整，它们通过调整组织结构为企业所引进的管理知识提供合法化的环境基础，进而推动国际最佳管理实践知识在企业内部的理解和应用。另一方面，案例企业通过响应性因子的作用帮助企业构建竞争优势。企业通过管理学习构建竞争优势的前提是，企业能够理解、消化和吸收、应用其所引进的管理知识。如果企业不能充分理解其所引进的管理理念和管理技巧，那么这些管理知识并不能真正被企业所用，也就无法为企业带来竞争优势。诸如，案例企业通过与高等院校以及研究机构、咨询机构建立关联关系，进一步拓展了企业的外部学习资源与平台，促进了企业深入理解和应用其所引进的管理知识，从而帮助案例企业构建了竞争优势。再诸如，案例企业通过与政府机构构建政治联结，帮助企业获取政府相关资源、规避行业中存在的部分制度障碍，有效推动企业发挥先进管理知识的优势。同样，案例企业所构建的培训体系、人才管理制度是企业为促进其管理学习所开展的企业行动，企业建立完善的知识管理体系有利于管理知识在企业内部的扩散与积累，从而有助于企业应用管理知识以及构建企业竞争优势。本节根据上述讨论构建了图 5.10 管理学习的响应性因子模型。

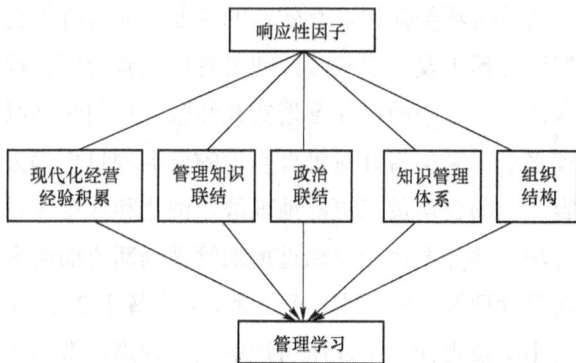

图 5.10　管理学习的响应性因子模型

4. 知识因子的作用机制

管理知识是企业管理学习的主要内容，管理知识的性质直接影响企业对其的理解与消化、吸收。根据管理知识的性质，可以将管理知识分为显性知识和隐性知识。其中，管理信息系统、商品摆放规则、店面设计等技术类知识属于显性的管理知识，这类管理知识容易在组织之间实现转移与扩散；而管理理念、管理方法等思想和技巧类知识则属于隐性的管理知识，这类管理知识具有较强的组织嵌入性和个体嵌入性特征，它们在组织间的转移与扩散难度较大。因此，企业开展管理学习的难点在于理念和技巧类知识的学习，企业需要配置更多的资源、花费更长的时间才能实现对隐性管理知识的理解、消化和吸收。相对于显性的管理知识，案例企业在引进隐性管理知识时所投入的学习资源更多。国美、苏宁、联华、永辉、天虹等案例企业通过与IBM、惠普公司、SAP公司等知名咨询及IT公司建立战略联盟关系，以引进国际先进的管理信息系统，最终成功地获取了管理知识中的显性知识部分。当案例企业要获得管理知识中的具体技巧以及其中所蕴含的管理理念时，案例企业除了充分运用合作企业所提供的技术支持类的培训、专家指导小组等学习资源之外，它们还积极成立公司内部培训中心与企业大学、聘用具有相关管理经验的高级管理人员、派出企业管理类员工出国或是去高校参加培训等，通过投入更多的学习资源来帮助企业员工对先进管理知识的理解、消化和吸收。

管理知识中的隐性知识部分是企业管理学习的难点，也是企业管理学习的重点，原因在于这类隐性管理知识是企业核心竞争力的主要构成内容。这五家案例企业纷纷投入大量资金推动企业更好地理解、消化和吸收、应用国际领先的管理理念及技巧类知识，有效帮助企业形成可持续性的竞争优势。联华在引进大型综合超市发展模式时，通过聘请具有跨国管理经验的高级管理人才获取嵌入在个体之中的最佳管理实践经验，从而帮助联华提高其大型综合超市的管理水平；联华将针对管理知识的培训项目作为公司对员工开展培训的重点内容，帮助公司员工更好地理解、消化和应用先进管理理念、管理工具及管理方法。部分案例企业通过增加管理创新方面的资源投入，来改善企业内部对前沿管理知识的应用水平。诸如，永辉于2011年组建创新工作小组，由该创新小组负责探索企业所引进的品类管理、数据化应用等国际领先管理实践经验，并推进该类管理知识在企业内部的推广与应用。案例企业的管理学习实践显示，通过投入大量学习资源，案例企业改善了其对隐性管理知识的理解与应用水平，同时提升了企业应用各种管理信息系统以及商品组合方式等规则类知识的水平，有效帮助案例企业构建了竞争优势。图 5.11 是管理学习的知识因子模型，显示了影响企业管理学习的显性因子和隐性因子。

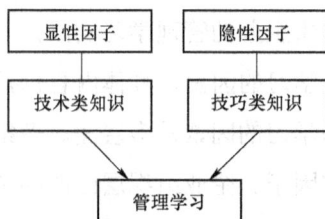

图 5.11 管理学习的知识因子模型

通过从多个维度分析影响中国零售企业管理学习的因素，发现各个影响因素作用企业的具体方式主要体现为两个方面：首先，来自环境层面的因子、企业层面的因子及知识属性方面的因子，它们通过影响企业的合法性地位以及竞争优势影响企业的管理学习行动；其次，为了改善企业的合法性地位以及竞争优势，企业通过资源配置优化企业的管理学习行动，从而影响企业管理学习绩效。鉴于此，本节构建了图 5.12 管理学习的影响因子模型。

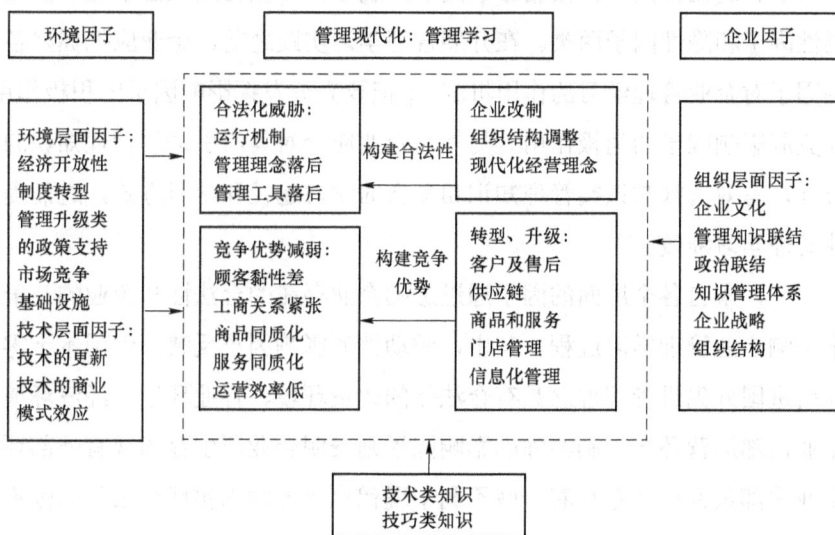

图 5.12 管理学习的影响因子模型

5.4　总结与讨论

通过梳理中国五家零售企业的管理学习实践，本章从多个维度介绍了影响中国本土零售企业管理学习的因素，具体内容包括以下三个方面。

第一，影响企业管理学习的因素是多层面、多维度的，这些主要影响因素可以区分为环境层面的因子、企业组织层面的因子和知识层面的因子。其中，外部环境是企业生存和发展的重要空间，其决定了企业在成长过程中可能面临的机会和威胁；企业组织层面则是指企业制定战略决策所面临的内部环境，其决定了企业自身所具备的优势和劣势；而知识作为企业学习内容的构成部分，其属性决定了企业获取该类管理知识的具体路径以及企业学习该类知识的难易程度。

第二，根据每一类影响因子对企业管理学习的作用效果，可以将环境层面的因子、组织层面的因子和技术层面的因子进一步划分为驱动性因子、响应性因子、制约性因子；根据影响因子的属性，可以将知识因子进一步划分为显性因子和隐性因子两类。在开展管理学习实践之前，企业应把握好各类影响因子对企业管理学习的作用机制，不但要充分发挥影响因子的积极作用，还要克服影响因子的消极作用。另外，企业应针对其所引进的管理知识的属性特征，有效选择与该类管理知识相契合的学习途径和学习方式，进而提升企业管理学习绩效。

第三，来自各个层面的因子通过影响企业存在的合法性和企业的竞争优势来影响企业管理学习过程。其中，驱动性的影响因子反映出中国本土零售企业引进国外先进管理理念具有合法化的政策环境、行业环境、经济环境以及企业内部运营环境；制约性的影响因子则表明企业所生存的现有外部环境和企业内部条件依然存在着一些不利于现代化管理知识实现合法化的因素；来自组织层面的响应性因子，反映了企业为适应外部环境对企业实施现代化管理方式的要求而做的调整；知识因子的属性则决定了企业学习管理知识的最佳路径和学习所需要的资源配置情况，诸如对于显性的管理知识，企业通过参观、考察及与咨询公司合作等就可以轻松获取与理解该类型的知识；但企业需要通过投入更多的学习资源以及开展更加深入的学习行动才能理解与掌握隐性知识。

第 6 章

管理学习的绩效
——来自中国零售行业与企业的实践

6.1 中国企业管理学习的绩效表现

中国企业管理学习的绩效主要体现在以下两个方面。

第一，体现为行业的现代化进程。以中国的零售行业发展为例，诸如百货商场、超级市场、便利店、购物中心等来源于国外的先进零售业态逐渐成为中国零售业企业普遍采用的发展业态，并且在中国各个城市得到快速推广与应用。发展至今，中国零售行业已经彻底告别了过去单一、落后的业态格局，进入现代化零售时代。在零售业态国际转移的背后，是中国本土零售行业引进和应用国际领先零售管理理念、零售管理技能的企业实践行动。因此，行业现代化进程是中国企业管理学习绩效的重要体现。

第二，体现为企业层面管理水平即管理能力的提升。为了应对经济全球化及日益激烈的国际竞争，许多中国本土企业积极引入国际最佳管理实践经验（诸如客户关系管理、财务管理、质量管理等），通过国际合作构建国际化管理体系及改善企业现代化管理水平。

6.2　中国零售行业的调研与分析

中国零售业企业很早就加入了国际市场竞争，它们首先在中国本土市场上接受来自国际零售巨头的竞争。自 1992 年以来，国际零售企业开始陆续进入中国国内市场；2004 年，中国政府彻底放开对外资零售企业的进入限制，外资零售企业开始加速进入中国本土市场。当中国零售行业还处于发展初期的时候，中国零售行业的企业就遭受到来自国际零售企业的激烈竞争。与此同时，中国零售业企业在其成长过程中受到外资零售企业知识溢出的影响，它们通过学习国际最佳零售经验提高企业应对国际竞争的能力。在中国零售行业的发展过程中，中国本土零售业通过学习外资零售企业先进的管理知识改善其管理模式，并逐渐实现了管理现代化变革，具体体现在供应商管理、客户关系管理、员工管理、商品管理等方面的管理水平不断提高。

一个行业整体的现代化进程是现代化管理知识在这个行业内扩散情况的主要表现，因此，本章主要运用定性研究方法，梳理中国零售行业通过管理学习所取得的绩效。

6.2.1　调研方法与过程

本节采用田野调查、文本分析、访谈、问卷调查等方法，通过对与中国零售行业发展相关的统计年鉴、研究报告、书籍、学术文献、网站、业界会议、业内人员讲话等质性资料进行收集与整理，以追踪中国零售行业的发展历程、变化的趋势与规律，从而揭示中国零售行业通过学习外国先进零售管理实践经验而取得的成绩。表 6.1 是数据来源。

表 6.1　数据来源

数据类型	来源	获取的关键信息
年鉴	《中国商业年鉴》 《中国企业升级年鉴》	中国零售行业发展的主要历程、关键事件

续表

数据类型	来源	获取的关键信息
研究报告	《中国零售力量》（2011—2015）（德勤）《中国零售业发展报告》（2007—2014）（中国商业联合会发布）《中国零售业发展监测与分析报告》等	中国零售行业发展的现状
书籍	《零售管理》《中国零售产业政府规制研究》《跨国零售商在我国扩张的影响效应研究》《中国民营零售集团商业模式研究》等	中国零售行业现代化的具体方面；部分零售企业（国美、苏宁等）发展路径、战略
文献	通过清华大学图书馆检索中外零售业、管理学习相关文献	各零售企业发展战略、路径、机制；国际零售巨头在中国的发展
网站	中国连锁经营协会、各大商超网站、中国零售网、中国商业联合会	中国零售行业发展的现状；行业排名；零售行业的主要活动
调查问卷	钧策零售总裁班企业学员北京大学超市高管培训班外聘讲师北京大学超市高管培训班企业成员	管理学习的内容管理学习的路径管理学习的障碍管理学习的积极作用
访谈	中国连锁经营协会 资料管理部主任；钧策零售总裁班外聘讲师团（共3人参与访谈）北京大学零售培训项目负责人；中小零售企业高管	管理学习在零售行业发展中的作用以及协会发挥的作用；展会的重要性；零售行业发展中取得的进步与面临的障碍；零售行业发展的新动向
实地考察	北京、山东、广东、新疆等地的商场与超市	中国零售行业业态、信息技术、服务、店面设计等综合性信息

6.2.2 中国零售行业管理学习实践经验

1. 中国零售行业管理学习的过程

1）零售行业的发展历程与知识转移

零售业是指向最终消费者提供商品和服务的行业，该行业是联结生产和消费的桥梁，其对于整个国民经济健康有序的发展起着非常重要的作用。零售业历经几千年的发展历程，大体经历过四次历史性的变革，这四次历史性的变革分别是：百货商店的产生、超级市场的出现、购物中心的出现以及无店铺零售的出现。表 6.2 总结了世界零售业的四次变革。

表 6.2　世界零售业的四次变革

时间	标志性事件	贡献
19 世纪 60 年代	百货商店的产生	创造了一种不同于传统店铺的全新经营模式
20 世纪 20 年代	超级市场的诞生	以低成本、低利润、低价格为竞争优势，将专业化、社会化的生产方式引入了流通领域，使商业经营转变为一种可管理的技术密集型活动
20 世纪 50 年代末	购物中心的诞生	以休闲娱乐为特征，将零售商店、服务机构组织在一起，提供购物、休闲、娱乐、餐饮等各种服务的一站式消费中心
20 世纪 90 年代	无店铺零售的兴起	包括直接销售、目录销售、直接邮购、电话购物、电视购物、网络购物、自动售货机销售

唐立军. 首都现代零售业发展研究报告. 北京：中国财富出版社，2014：4.

　　中国零售业的发展也经历了四次历史变革。在 20 世纪 80 年代以前，中国零售业的发展主要受到计划经济体制的影响，该阶段的零售业体系基本等同于一个商品分配体系；在 20 世纪 80 年代之后，中国零售业开始进入整体转型与升级阶段，该阶段的零售业开始对标国际零售业发展模式，引入多样化的零售业态。表 6.3 是中国零售业发展中的代表性事件，显示出中国零售业发展历程中的四次历史性变革。

表 6.3　中国零售业发展中的代表性事件

时间	事件
20 世纪 80 年代	传统零售业态开始转型、升级
20 世纪 90 年代初	对外资有限开放； 第一家购物中心开业； 学者开始提出将 ERP 的概念引入零售业管理体系
20 世纪 90 年代后期	推广应用条码技术、多种银行卡互通互联技术
21 世纪	中国零售业全面对外开放；无店铺零售；进入提质增效阶段

唐立军. 首都现代零售业发展研究报告. 北京：中国财富出版社，2014：4.

纵观世界零售行业和中国零售行业的发展历程，零售行业已经从一个人员密集型行业逐渐转变为技术密集型、资金密集型及知识密集型行业。这意味着，发展中国家的零售行业企业在追赶、超越发达国家零售行业企业时，不仅需要具备充裕的资金和劳动力资源，还需要通过开展持续性的学习获取以及积累零售业相关的知识。从零售行业的业态形式来看，中国零售行业在短期内完成了世界零售行业一个世纪的发展历程，并开始探索零售行业发展的前沿趋势。中国零售行业成功实现现代化转型，主要原因在于中国零售行业企业积极学习、引进国际最佳零售实践经验。随着中国改革开放进程及经济全球化进程加快，国际最佳零售实践经验在中国本土市场和全球范围内迅速扩散，这为中国本土零售企业接触国际最佳零售实践经验提供了宝贵机会。国际最佳零售实践经验的传播与扩散，促使中国本土零售企业能够通过向国外先进企业学习获得零售业发展所需的前沿零售技能，诸如信息技术、库存管理技能、员工管理技能、供应链管理技能、商品管理技能、质量管理技能等。因此，在零售知识的全球化转移背景下，中国零售业不断获取、吸收、应用及创新零售技能，最终实现现代化零售知识的积累。

2）中国零售业管理现代化进程分析

现代零售业是现代服务业的重要组成部分。现代化零售理念与传统零售理念的根本区别在于现代化零售理念强调新技术在零售业各环节的应用，鼓励零售业态以及零售技术等创新。表 6.4 是中国现代化零售理念演变历程，该表显示出中国零售业经历了从传统零售理念向现代化零售理念转型的主要阶段。

表 6.4 中国现代化零售理念演变历程

时间	阶段	主要业态	管理理念
20 世纪 80 年代	启蒙期	传统业态开始转型	规模化发展理念
20 世纪 90 年代中期及以前	发展期	现代百货商店	精细化发展理念
20 世纪 90 年代后期	深化期	现代百货商店	精细化发展理念
21 世纪	创新期	业态丰富化	服务理念

　　具体而言，可以将中国现代化零售理念的演化分为四个阶段：启蒙期、发展期、深化期和创新期。随着中国现代化零售理念的演化，中国本土零售企业的信息技术和管理手段的现代化程度不断提高。中国现代化零售理念演化的阶段性特征如下。

　　（1）启蒙期（20世纪80年代）：在20世纪80年代以前，传统的百货商店和粮油副食品店是中国零售行业中最常见的业态；进入20世纪80年代后，中国零售行业逐渐脱离原来单一的零售业态，开始引入多种新兴的零售业态，诸如综合超市、购物中心、便利店等。该阶段，大部分中国零售企业对信息技术、计算机技术的认识和理解非常浅显，但越来越多中国零售企业开始关注到信息技术对零售业发展的重要性，进而开始盲目追求企业信息化改革。部分企业管理者认为企业在引进先进的信息技术后就能达到国外零售巨头的经营水平，这导致诸多中国零售企业最终信息化失败。由于企业对信息技术的认知与理解不足，许多中国本土零售企业只是单独引进了某些信息技术，导致这些技术在企业内部缺乏相应互补性技术与流程的应用支持。该阶段，诸如收款机、POS机、条码技术、色码技术、基于PC的MIS、财务管理软件、系统集成产品等基于信息技术的设备与管理系统逐渐得到中国本土零售业企业的应用，但它们并没有有效促进企业经营水平的提高。

　　（2）发展期（20世纪90年代初期与中期）：该阶段，中国零售行业的零售业态以百货商店为主。鉴于许多积极引进信息技术的中国本土零售企业最终以失败告终，部分中国本土零售企业意识到信息化管理的关键在于实现信息技术的协调化与系统化。因此，越来越多的中国本土零售企业开始构建信息管理系统，信息管理系统的构建促使原来分散的、独立的信息技术能够互联互通，进而大大增强了信息技术的实用价值。该阶段，虽然信息系统对企业管理决策的支撑作用有待挖掘，但是中国本土零售企业开始应用并不断推广条码技术、多种银行卡互通互联技术，部分中国本土零售企业还开始引入数据库以及计算机网络和电子商务技术等。与此同时，超市、购物中心、专卖店等国际零售企业所采纳的新兴零售业态也逐渐在中国零售行业中得到推广。

　　（3）深化期（20世纪90年代后期）：该阶段，中国零售行业的业态仍然以百货业为主，行业中百货店的数量得到快速增加。通过引进与应用信息技术和信息系统，越来越多的中国本土零售企业开始意识到信息化管理方式的真正含义在于采纳基于信息技术的企业管理方式。因此，中国本土零售企业开始探索基于信息技术的决策过程。以光纤通信、局域网、广域网、互联网为载体的现代通信技术、网络技术、数据管理技术在该阶段得到飞速发展，这些先进的信息通信技术推动了中国本土零售企业探索决策支持技术、现代物流配送技术和网上购物等零售业前沿技术。

（4）创新期（21世纪）：随着中国本土零售企业管理学习进程的演进，中国本土零售企业开始关注国际最佳零售实践经验与企业自身优势的结合，它们通过对企业所引进的先进管理技术、管理系统、管理方式进行本土化调整，推动最佳零售知识服务于企业的战略选择、战略实施、战略目标实现及企业动态化发展需要。该阶段，国家从政策层面也开始加大对中国本土零售企业的支持与帮助，提出要打造"国家零售队"，有效推动了国内零售企业的创新与发展。

由中国现代化零售理念演化过程可以看出，中国零售业在其发展过程中不断学习与引进国外先进的零售实践经验，并在国际零售业发展经验基础上不断创新与发展。因此，中国零售业现代化的进程正是中国零售业通过管理学习不断学习国外零售业管理知识的过程。

2. 中国零售行业管理学习的主要成功经验

通过管理学习，中国零售业不但在中国本土市场上击败了外国零售巨头，而且还成功实现了零售业的现代化转型，并成功追赶、超越了世界零售业，最终推动国际零售行业的管理创新。中国零售业是学习先进管理知识的成功典范，其成功经验可以为其他行业开展管理学习实践提供经验借鉴和实践指导。具体而言，中国零售业管理学习的成功主要体现在以下三个方面。

第一，快速实现零售业态的多样化发展。从零售业态发展角度看，外国资本投资零售行业为中国本土零售行业的业态创新提供了现场示范的作用，推动了中国本土零售业态的完善和创新。中国本土零售业改善了其以传统百货店为主的单一业态模式，诸如仓储店、大型综合超市、专业店、专卖店、便利店等先进的现代化零售业态在中国本土零售行业内得到快速应用与推广。可见，中国零售行业成功学习与引进了西方零售行业在零售业态创新方面的实践经验。

第二，快速引进与应用了信息化管理技术。随着国际零售巨头进驻中国市场，诸如沃尔玛等零售巨头的信息化管理实践经验在中国本土零售行业内得到广泛的传播，推动了中国本土零售企业引进信息技术、开展信息化建设的进程。作为一种有效的管理手段，信息化技术在企业竞争战略实施过程中发挥重要作用。信息化程度是衡量现代零售理念的一个重要指标，诸如信息技术、电子数据交换技术、网络技术、电子商务、科学调查统计分析方法等的现代化技术与方法的应用，对于提升零售行业企业的核心竞争力起着关键作用。信息化水平的提升不仅可以帮助企业提升其经营管理水平，同时可以帮助企业提高其对市场变化的反应速度，进而有助于提高顾客满意度。因此，中国本土零售企业信息化水平的提高，显示了中国零售企业竞争力的提升。

第三，推动了零售业管理理念的转变。发展至今，中国零售业从计划经济下的定量分配理念逐渐演变为追求规模化增长的理念再发展到现阶段以顾客为中心的服务理念，每一次零售理念的变革都伴随着中国零售企业管理方式的变革。因此，中国零售理念的转变是中国本土零售企业管理学习以及管理变革的重要成果。发展至今，中国本土零售业的管理学习之路也逐渐从简单模仿国际零售企业发展为探索零售管理实践前沿技巧。现阶段，越来越多的中国零售企业已经开始应用与推广国外零售巨头的供应链管理思想、准时制思想、自主品牌管理理念、单品管理理念等最佳实践，并通过对这些最佳管理实践进行本土化创新以提高其应用价值。

中国零售行业的现代化历程显示，积极学习、引进国外先进的零售业最佳实践经验是推动中国零售行业发展的重要途径，也是中国零售业快速实现管理现代化的重要原因。

6.3 中国上市公司的调研与分析

自中国加入 WTO 后，中国本土零售企业作为最早直接面对国际竞争的一员，其通过管理学习不断引进国外先进零售企业的最佳实践经验知识，包括零售业的外延知识和内涵知识。上一节主要采用定性研究的方法介绍与解析中国零售行业通过管理学习实现零售行业现代化的过程。为了进一步探究中国零售企业管理学习的绩效，本节引入曼奎斯特生产率指数，通过运用数据包络分析法测算与解析中国零售行业上市公司的管理学习绩效。

6.3.1 调研方法与过程

由于零售企业的运营过程本质上是一个投入产出系统，因此零售领域的很多研究成果聚焦于零售企业的生产效率问题。部分学者通过测算零售企业的生产效率来判断企业的经营状况，另有部分学者将全要素生产率（total factor productivity，TFP）作为衡量企业知识资本的产出变量。在中国实施改革开放后（特别是中国加入世贸组织之后），中国本土零售企业在零售业态、零售技术、管理方法等方面受到国际先进零售企业的知识溢出影响很大，并通过模仿国际零售企业的运营方式提高企业的运营效率。对于零售企业来说，公司生产率的提升主要来源于两个方面：一方面，来源于公司效率的提升，即公司的运营情况更加靠近生产边界；另一方面，来源于生产边界的移动，即来源于行业整体的技术进步。由于中国零售行业的现代化转型源于中国本土零售企业积极引进、学习国际先进零售技术和知识，因此，中国本土零售企业生产率的变化是零售技术的进步和企业运营效率变化的综合结果。其中，零售企业的效率变化反映了企业在当前的技术水平和给定的资源投入情况下，企业所能获得的最大产出水平；技术进步反映的是生产边界的移动，这种移动主要是源于零售企业技术的变化或是企业的创新实践。

目前，关于生产率测算的方法主要分为参数法和非参数法，以非参数法中 DEA（data envelopment analysis）方法的应用最为广泛。运用基于数据包络分析法的曼奎斯特生产率指数（Malmquist 生产率指数）对企业的全要素生产率进行测算时，具有以下两个优点：第一，研究者不需要事先设定生产函数模型；第二，有利于研究者探索与解析企业生产率变化的具体原因。通过运用该方法测算企业的生产率，研究者可以将企业的全要素生产率变化进一步分解为技术进步（technical change）、纯技术效率变化（pure technical efficiency change）指数和规模效率变化（scale change）指数。其中，纯技术效率的变化主要来源于企业通过调整资源配置能力、组织管理水平而产生的变动，这与本章所关注的企业管理能力/管理水平是一致的。因此，本节采用基于数据包络分析法（DEA）的曼奎斯特生产率指数的分解值（纯技术效率变化指数）作为测量中国本土零售企业管理学习的产出变量，具体来说，本节将全要素生产率变化指数中的分解值（纯技术效率变化指数）作为中国零售行业上市公司的管理学习绩效的衡量指标。

1. 方法介绍

研究方法的选择首先来源于研究对象的特征以及研究目标。生产率的变化分为生产前沿曲线的整体移动和企业在现有生产前沿曲线上的移动两种类型，其中，生产前沿曲线代表的是一个行业在最好的硬件和管理技术条件下所能达到的最大产出水平。造成生产前沿曲线发生上述两种移动的原因，可以进一步分为技术进步和效率变化。当发生技术进步时，生产前沿曲线会发生整体移动；当企业采用科学规范的组织管理方法以及运营模式时，企业资源配置的水平会得到改善，进而促使企业向现有生产前沿曲线上的最优点移动。

Malmquist 指数（曼奎斯特生产率指数）是 Malmquist 在 1953 年提出用作衡量消费指数的指标。后人用该指数测算企业的生产率，诸如 Caves 等结合距离函数将该指数用于测算企业的生产率；Färe 等将 Malmquist 指数与 Charnes 等提出的 DEA 理论结合在一起，采纳线性规划的方法来估计距离函数，并对该指数进行分解。在后期的学术研究领域，Färe 等提出的基于线性规划方法的数据包络分析法被广泛应用在实证研究之中。

按照曼奎斯特生产率指数法的测量结果，生产率的变化指数可以进一步分解为技术进步指数和技术效率变化指数、规模效率变化三个部分。其中，技术进步指数代表着两个时期内生产前沿面的移动，该指数反映了企业由于技术创新而实现的"增长效应"。技术效率变化指数是用来测度每一个决策单元在两个时期间到生产前沿面的追赶程度，该指数代表了两个时期相对技术效率的变化，反映了每一个决策单元的"追赶效应"。纯技术效率变化是指企业在现有技术水平下，企业对技术使用的效率的变化。规模效率变化是指由于企业规模扩大而带来的规模经济。纯技术效率反映了企业生产运营方面的管理政策和组织管理水平，因此，该指标能够反映中国零售行业上市公司的管理学习绩效。

在使用距离函数构造曼奎斯特生产率指数时，具体是通过计算不同时期两个产出的距离函数的比值来定义曼奎斯特生产率指数。曼奎斯特生产率指数的构造过程包括以下三个步骤。

第一步，构造产出的距离函数。

设 $x = (x_1, x_2, \cdots, x_m)$，$y = (y_1, y_2, \cdots, y_m)$，则 s 时期的产出距离函数为：

$$d^s(x, y) = \min\left\{\theta : \frac{y}{\theta} \in P(x)\right\} \tag{6-1}$$

其中，x 表示投入量；y 表示产出量；$P(x)$ 表示当投入为 x 时的产出量；θ 表示创新效率指数。

公式（6-1）表示在给定投入 x 下，产出 y 的最大值。

同理，t 时期的产出距离函数：

$$d^t(x, y) = \min\left\{\theta : \frac{y}{\theta} \in P(x)\right\} \tag{6-2}$$

第二步，构造生产率指数变化函数。

基于 Caves 等的研究成果，若将 s 期作为参照点，从 s 期到 t 期的 Malmquist 生产率指数的变化值为：

$$m^s = \frac{d^s(x^t, y^t)}{d^s(x^s, y^s)} \tag{6-3}$$

同理，以 t 期作为参照点，从 t 期到 s 期的 Malmquist 生产率指数变化值为：

$$m^t = \frac{d^t(x^t, y^t)}{d^t(x^s, y^s)} \tag{6-4}$$

当投入和产出都只有一种时，公式（6-3）和公式（6-4）取值相同；当投入在一种以上、可变规模收益的情况下，公式（6-3）和公式（6-4）取值不同。鉴于此，Färe 等人计算了 m^s 和 m^t 的几何平均值，将曼奎斯特生产率指数表示为：

$$\begin{aligned} m(x^t, y^t, x^s, y^s) &= \left[\frac{d^s(x^t, y^t)}{d^s(x^s, y^s)} \times \frac{d^t(x^t, y^t)}{d^t(x^s, y^s)}\right]^{1/2} \\ &= \frac{d^t(x^t, y^t)}{d^s(x^s, y^s)} \times \left[\frac{d^s(x^t, y^t)}{d^t(x^t, y^t)} \times \frac{d^s(x^s, y^s)}{d^t(x^s, y^s)}\right]^{1/2} \end{aligned} \tag{6-5}$$

第三步，分解生产率指数变化函数。

在公式（6-5）中，等式右边第一项 $\dfrac{d^t(x^t, y^t)}{d^s(x^s, y^s)}$ 表示技术效率从 s 期到 t 期的变化值，可进一步分解为纯技术效率和规模效率；等式右边第二项表示技术进步从 s 期到 t 期的变化值。技术效率变化和技术进步变化可进一步表示为：

$$技术效率变化 = \frac{d^t(x^t, y^t)}{d^s(x^s, y^s)} = 纯技术效率 \times 规模效率 \qquad (6-6)$$

$$技术进步 = \left[\frac{y^t / y^b}{y^t / y^c} \times \frac{y^s / y^a}{y^s / y^b} \right]^{1/2} \qquad (6-7)$$

当技术效率变化指数大于 1 时，表明该决策单元的生产更逼近生产前沿面，即该决策单元在 s 期距离 s 期前沿面比在 t 期时距离 t 期前沿面更近，即其相对技术效率是提高的，反之相对效率降低；当技术进步变化指数大于 1 时，意味着生产前沿面向外移动或是"向上"移动，可以称此时出现了技术进步；当纯技术效率指数大于 1 时，表明决策单元由于管理水平得到改善，而促进了其效率的提高；当规模效率指数大于 1 时，表明决策单元从长期来看是逼近最优规模的。

2. 投入产出指标体系的构建

通过文献研究，本书总结了已有研究在测量全要素生产率时所选择的指标情况。表 6.5 是零售企业全要素生产率的相关文献。

表 6.5　零售企业全要素生产率的相关文献

作者	样本	投入要素	产出要素
Barros 和 Alvers（2003）	一家葡萄牙领先超市的 47 个卖场	全职员工总数 劳动力成本费用	销售收入 经营绩效
Barros（2006）	22 家葡萄牙超级市场	员工总数 资产价值	销售收入 运营绩效
Keh 和 Chu（2003）	13 家美国商超	基层员工数量 小时工的工资 基础设施 店面维护与支付费用	服务的可获得性、分类、产品派送的保证性、信息的获取性 环境 销售收入

续表

作者	样本	投入要素	产出要素
Perrigot 和 Barros（2008）	11 家法国零售企业	全职员工数量 资产价值 运营成本	销售额 利润
Ratchford（2003）	美国零售食品店	资本 人力资本 中介服务	可以量化的产出 产品线的宽度
Sellers-Rubio 和 Mas-Ruiz（2006）	100 家西班牙超市	员工数量 超市数量 资本和收入总额 债务总计	销售收入 利润
Yu 和 Ramanathan（2009）	61 家中国零售上市公司	员工总数 卖场总面积	销售收入 利润
De Jorge Moreno（2008）	1995—2003 年间，西班牙零售行业中新进入企业与现存企业	固定资产 人员资本 中间消费	销售收入
汪旭晖 和 万从颖（2009）	51 家中国零售业上市公司	固定资产总额 支付员工的费用 营业费用 存货净额	主营业务收入 净利润
王新宇（2001）	中国某城市 10 家百货零售企业	职工人数 营业面积 销售费用额 流动资金额	毛销售利润率 企业总零售额
姜向阳 等（2011）	16 家中国零售连锁企业	员工总数 营业费用 管理费用 总资产 门店数	净利润 营业收入

注：表中部分文献源于 Yu 与 Ramanathan 的研究，部分由作者整理。

考虑到数据的可获得性及其对研究结果的影响，本节选择固定资产总额、支付员工的费用、营业费用（销售费用）、存货净额四个指标作为投入指标，选择主营业务收入、净利润两个指标作为产出指标。图 6.1 是本节构建的中国零售企业的投入产出指标体系。

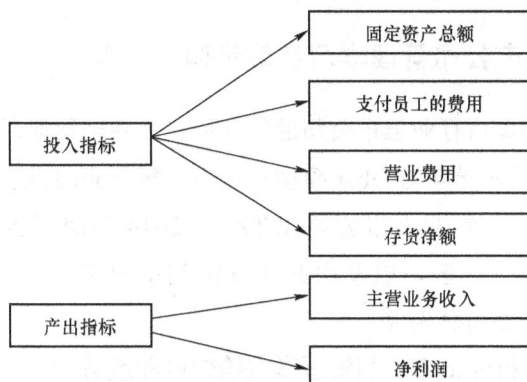

图 6.1 中国零售企业的投入产出指标体系

3. 数据来源

世界经济自 2007 年进入金融危机时代，中国经济也在 2008 年开始受到金融危机余震的影响。因此，金融危机的到来导致很多经济数据出现一定的不稳定性，该时期的企业绩效很大程度上受到金融危机的干扰。为了避开金融危机对中国零售业发展的影响，并保证研究样本数据的完整性，本节选择 2007 年到 2014 年之间的中国零售业上市公司的数据进行分析。

以 CSMAR 数据库及万德数据库作为数据检索的通道，按照证监会行业分类法，最终检索得到 86 家零售行业上市公司数据信息。在删除数据不完整以及不可用的样本信息后，最后共获得 2007—2014 年间 51 家中国零售业上市公司的面板数据信息。表 6.6 是 2007—2014 年投入和产出变量的描述性统计特征。通过运用 DEAP 2.1 软件，本节获得了中国零售行业上市公司全要素生产率指数及其分解值（技术进步、纯技术效率及规模效率）。

表 6.6 2007—2014 年投入和产出变量的描述性统计特征　　万元

变量	样本容量	平均值	标准差	最小值	最大值
主营业务收入	408	827 000	1 530 000	18 000	10 900 000
净利润	408	27 200	51 900	61.13	489 000
营业费用	408	790 000	1 480 000	18 900	11 000 000
存货净额	408	116 000	224 000	178.50	1 830 000
固定资产	408	128 000	201 000	3 900	1 260 000
应付职工报酬	408	6 110	11 300	6.21	61 400

6.3.2 中国上市公司管理学习实践经验

以 51 家中国零售行业上市公司的统计资料为基础数据,并采用 DEAP 2.1 软件,选择基于投入导向的 DEA 模型和规模报酬不变的模型设置,最终计算得到中国 51 家零售行业上市公司在 2007—2014 年期间逐年的 Malmquist 生产率指数及其分解值,以及由此计算得到中国零售行业上市公司整体 Malmquist 指数及其分解值。

1. 中国零售行业上市公司管理学习绩效的年度分析

表 6.7 是 2007—2014 年中国零售行业上市公司全要素生产率指数及其分解值。

表 6.7 2007—2014 年中国零售行业上市公司全要素生产率指数及其分解值

时间	技术效率变化	技术进步	纯技术效率变化	规模效率变化	全要素生产率变化
2007—2008	0.982	1.038	0.989	0.992	1.019
2008—2009	1.01	1.064	1.002	1.008	1.075
2009—2010	0.98	1.009	0.985	0.995	0.989
2010—2011	1.031	0.985	1.022	1.008	1.016
2011—2012	0.994	0.995	1	0.993	0.989
2012—2013	1.011	1.014	1.007	1.004	1.025
2013—2014	0.986	0.997	1	0.986	0.983
平均值	0.999	1.014	1.001	0.998	1.013

从总体平均水平来看,中国零售行业上市公司的全要素生产率在 2007—2014 年期间是呈上升趋势的,全要素生产率指数为 1.013,该指数实现了 1.3% 的增长。这说明中国零售行业上市公司的全要素生产率指数整体较为乐观,并且全要素生产率指数的增长主要来源于技术变化指数的增长(技术变化指数增长了 1.4%),但与此同时,中国零售企业的技术效率以 0.1% 的速度逐年相对恶化。

从技术效率的变化来看,技术效率在 2009 年、2011 年和 2013 年这三年

都实现了增长，其中技术效率在 2011 年的增长最快，此时的技术效率达到了
3.1%的增长率。从变化趋势来看，中国零售行业上市公司的技术效率呈现波
浪式变化的趋势，并且规模效率的变化是导致技术效率呈现波浪式变化趋势
的主要原因。将技术效率进一步分解为纯技术效率和规模效率来看，这七年
间的纯技术效率呈现总体上升的趋势，这主要因为中国零售企业已经进入集
体转型期，该阶段的中国零售企业主要通过企业在发展模式、管理方式、组
织模式等方面实现转型升级的方式来构建企业的核心竞争力，而这种核心竞
争力的构建是建立在企业管理水平的改善与提升基础上。这七年间的规模效
率仍呈现出波浪式变化的趋势，产生该变化趋势的主要原因在于，中国经济
自 2011 年后开始逐渐步入新常态发展模式，即经济增速整体开始缓慢。随着
经济增速放缓，中国零售行业首先受到经济增速放缓的负面影响，具体表现
为零售行业整体的规模扩张速度开始大幅降低，这致使多数零售企业开始从
规模扩张的发展模式转型为内涵式发展模式。

从技术进步指数的变化来看，在 2011 年之前，中国零售行业上市公司技
术进步指数的增长率普遍处于较高水平，该指数在 2009 年时达到 6.4%的增
长；但 2011 年之后，技术进步指数的增长速度大幅降低。中国零售企业技术
进步指数呈现上述变化特征的主要原因在于，中国 B2C 及 C2C 等基于互联
网技术的线上商业模式的快速发展给传统的线下零售企业的成长造成很大冲
击，也就是说传统线下零售企业原本所拥有的技术优势在互联网时代逐渐开
始弱化，以及传统零售企业面临着引进电子商务相关技术的压力（本书以传
统线下零售企业为研究对象，受益于电子商务技术的 B2C 和 C2C 企业不在
本书研究范围内）。但总体来看，技术进步仍然是中国零售业上市公司全要素
生产率增长的主要来源，这也反映了国际化先进零售技术与设备以及工具的
引进对中国零售业的生产率提高具有重要贡献。

2. 中国零售行业上市公司管理学习绩效的区域分析

该部分从区域特征来介绍中国零售业企业管理学习绩效的变化趋势。根
据上述 51 家上市公司总部所在的省份，进一步将这 51 家中国零售业企业所
属的区域划分为东、中、西部三个区域。表 6.8 是 2007—2014 年中国零售行
业上市公司全要素生产率指数及其分解值，该表显示出东、中、西部三个区
域的全要素生产率指数及其分解值。

表 6.8　2007—2014 年中国零售行业上市公司全要素生产率指数及其分解值

企业	技术效率变化	技术进步	纯技术效率变化	规模效率变化	全要素生产率变化
1	0.991	1.003	0.992	0.999	0.994
2	1.006	1.01	1.007	0.999	1.016
3	1.004	1.002	1.006	0.998	1.006
4	0.988	1.005	1	0.988	0.993
5	0.994	0.993	1	0.994	0.987
6	0.995	0.996	0.997	0.998	0.991
7	0.986	1.005	0.993	0.993	0.991
8	1.008	1.055	0.993	1.015	1.064
9	1.01	0.996	1.011	0.999	1.006
10	0.988	0.999	0.994	0.994	0.987
11	0.993	0.878	1	0.993	0.871
12	0.997	1.004	1	0.997	1.001
13	1.008	1.086	1	1.008	1.095
14	0.998	1.022	1	0.998	1.02
15	1	1.097	1	1	1.097
16	0.982	1.007	1	0.982	0.989
17	1	1.008	1	1	1.008
18	1.008	1.044	1.008	1	1.052
19	0.993	1.008	0.99	1.003	1
20	1.007	1.002	0.998	1.009	1.008
21	1.004	0.999	1.01	0.994	1.003
22	1.009	1.043	1.008	1.002	1.052
23	0.991	1.001	0.996	0.995	0.992
24	1.005	1.099	1	1.005	1.104

续表

企业	技术效率变化	技术进步	纯技术效率变化	规模效率变化	全要素生产率变化
25	1.035	1.097	1.031	1.004	1.135
26	0.99	1.003	0.999	0.991	0.993
27	0.99	0.975	1	0.99	0.966
28	0.995	1.005	1.009	0.986	1
29	0.984	0.949	0.987	0.998	0.934
30	0.993	1.001	1	0.993	0.994
31	0.999	0.998	1.001	0.998	0.997
32	1.005	0.996	1.009	0.996	1.001
33	1.001	1.009	1	1.001	1.01
34	1.019	0.993	1	1.019	1.012
35	1.005	0.99	1.012	0.993	0.995
36	0.995	1.045	1.002	0.993	1.039
37	1.006	1.015	1.006	1	1.022
38	0.996	0.996	0.996	1	0.991
39	0.991	1.007	1	0.991	0.998
40	0.999	1.002	1.007	0.992	1
41	0.996	1.06	0.996	1	1.056
42	1.004	1.019	1	1.004	1.024
43	0.99	1.008	0.994	0.996	0.998
44	0.983	0.988	0.994	0.989	0.971
45	0.991	1.019	1	0.991	1.01
46	0.983	1.005	0.991	0.992	0.988
47	1	1.276	1	1	1.276
48	1.04	0.959	1	1.04	0.997

续表

企业	技术效率变化	技术进步	纯技术效率变化	规模效率变化	全要素生产率变化
49	1.003	1.001	1.003	1.001	1.004
50	0.998	1.012	1.004	0.994	1.01
51	0.991	1.007	1	0.991	0.998
东部地区	0.997	1.023	1.001	0.997	1.021
中部地区	1.003	0.983	1	1.003	0.986
西部地区	1	1.015	1.001	0.998	1.015

注：东部地区包括北京、天津、河北、辽宁、上海、江苏、浙江、福建、山东、广东、海南11个省（直辖市），中部地区包括黑龙江、吉林、山西、安徽、江西、河南、湖北、湖南8个省，西部地区包括内蒙古、广西、重庆、四川、贵州、云南、西藏、陕西、甘肃、青海、宁夏、新疆12个省（自治区、直辖市）。

首先，在全要素生产率指数方面，位于东部地区和西部地区的中国零售业企业的全要素生产率指数都处于增速上升的阶段，但位于中部地区的中国零售业企业的全要素生产率指数处于增速下降阶段。具体而言，位于东部地区的中国零售业企业的技术变化和纯技术效率变化值都大于1，但该地区零售业企业的规模效率变化值小于1；位于中部地区的中国零售业企业只是在技术进步指数上的值是小于1的；位于西部地区的中国零售业企业在规模效率值上是小于1的，但是该地区的零售企业在技术进步和纯技术效率值上都是大于1的。由此可以看出，位于中国不同区域的零售企业的全要素生产率及其分解值变化特征是存在差异性的。其中，位于东部地区和西部地区的中国零售业企业的规模效率指数需要加强；位于中部地区的中国零售业企业的技术进步指数需要加强。位于东部地区的中国零售业企业的全要素生产率增长最快，并且该指数的增长主要得益于技术进步的贡献（增长率达到2.3%）。

根据全要素生产率及其分解值所代表的含义，本节将全要素生产率分解值中的纯技术效率指数定义为企业管理能力的变化,该指标代表了中国零售业企业开展管理学习的绩效。结合中国零售业企业管理学习绩效的测量结果,中国零售业企业管理学习绩效在时间变化和区域变化方面具有以下特征。

首先,从时间序列来看,自金融危机之后,中国零售业企业的管理能力基本处于逐渐上升趋势,并且在近几年呈现出稳定的上升趋势,这也是中国零售业企业实现良好发展的重要原因。

其次,从地区分布来看,位于东部、中部和西部地区的中国零售业企业的管理能力整体上都呈现出上升趋势,并且管理水平的改善是推动这三个地区企业全要素生产率增长的主要因素。

6.4　管理学习推动企业绩效的改善

中国零售业企业的全要素生产率及其分解值的变化显示,中国零售业企业通过学习、引进国外先进零售业管理实践经验以及前沿零售技术知识实现了快速成长。然而管理学习是一项高成本的企业实践,那么,企业管理水平的提升是否对企业的经营绩效具有积极的推动作用?其中存在的作用机制又是什么?为了进一步解析企业的管理学习决策对于企业发展的价值,本节将通过运用 Stata 软件,基于中国零售业上市公司的数据以及上一节内容中所介绍的中国零售业上市公司的纯技术效率值,进一步对相关命题进行实证检验。

6.4.1　管理学习如何影响企业绩效

管理能力是企业发展的软实力,是支撑企业规模化发展的能力基础。随着企业间竞争日益激烈以及企业跨区域的规模化发展,管理能力逐渐成为企业构建竞争优势的关键。良好的管理水平,有利于企业提高其资源配置效率,进而将稀缺资源分配到有价值的战略决策中,从而提高企业各业务单元的经营绩效;良好的管理水平,有利于企业充分调动企业内部管理人员参与企业运营的积极性,以及有助于提高企业管理人员的工作效率,从而提高企业的组织运营效率以及实现高水平的企业绩效;良好的管理水平,有利于企业提高内部各业务单元（部门）之间的协调性，进而推动各部门在企业发展战略实施上形成合力，从而改善企业战略决策的制定和实施效率，最终改善企业的经营绩效水平。由于能力的形成源于企业内部相关知识的积累过程，因此，管理学习作为企业获取管理知识的有效途径逐渐成为企业改善经营水平、提升管理能力的重要战略行动。

管理学习有利于企业形成动态能力，进而更好地应对企业内外部环境所存在的不确定性。当前，企业所处的国际环境以及国内环境都充满了不确定性和动态性，没有一种竞争优势能够在该背景下保持经久不衰。因此，构建动态能力对于企业维持和获取竞争优势而言尤为重要。所谓动态能力，是指企业通过整合、重组、获取与释放某些资源以适应或主导市场中的变化，其本质就是企业对资源的管理能力。因此，管理学习有利于提高企业的动态能力。企业通过管理学习能够获取国际最佳管理实践经验知识，进而有利于企业运用更先进的管理手段对资源进行整合和重组，从而提高企业在行业中的竞争优势，最终有助于改善企业的经营绩效水平。

管理学习有利于企业实现管理创新，探索与发现适应企业自身发展特征的管理方法与管理技术。企业通过管理学习能够不断积累新的管理知识，通过积累丰富的管理知识有助于企业更加明晰管理创新的方向以及可能遇到的挑战。管理创新与企业的管理活动直接相关，企业能够通过开展管理创新来完善企业的经营机制、管理流程及管理体系等，进而帮助企业探索、开发与企业发展阶段特征相匹配的管理体系，最终有助于企业改善经营绩效。

鉴于以上分析，本节提出如下假设：

假设1：管理学习绩效对提高企业经营绩效具有积极的推动作用。

6.4.2 调研方法与过程

实证研究的样本选自2008—2013年之间的中国零售行业上市公司（根据证监会行业分类标准，共有86家零售业上市公司，共有样本472个），去除主营业务非零售业务的样本以及存在异常值和缺失值的样本后，最终剩下可用样本294个。表6.9是变量的描述性统计特征。

表 6.9 变量的描述性统计特征

变量	样本数	均值	标准差	最小值	最大值
营业毛利率	294	0.207	0.062	0.051	0.409
管理能力	294	0.002	0.040	−0.127	0.235
总资产（对数）	294	21.861	0.940	20.172	25.133

1. 因变量

本节中的因变量为企业绩效，该指标用企业的净利润增长率进行衡量，具体的数据可以通过 CSMAR 中的上市公司数据库获得。

2. 自变量

自变量为企业管理学习的绩效即企业管理水平的变化。由于全要素生产率是企业知识资本的产出变量，其分解值中的纯技术效率则体现了企业知识资本中的管理知识的产出变量，因此，企业管理水平可以用企业的纯技术效率值衡量。为进一步衡量企业管理水平的变化，本书中的自变量管理学习绩效是根据下列公式计算得到。

$$\text{管理能力变化}=\text{纯技术效率}-1$$

其中，纯技术效率数值源自企业全要素生产率分解值的计算结果。

3. 控制变量

本节中的控制变量为企业规模，具体采用企业总资产（取对数）进行衡量。一般而言，大规模企业拥有更丰富、更稀缺的资源，以及企业在决策执行过程中具有较强的资源配置优势，因此大规模企业更容易获得良好的经营绩效；相反，规模小的企业拥有的资源比较有限，该类企业在资源配置中通常处于劣势，因此小规模企业在改善经营绩效的过程中通常面临更大的挑战。企业总资产的数据来源于 CSMAR 数据库中上市公司的数据。

6.4.3 中国零售业上市公司的实践经验

由于本节中所使用的数据为短面板数据，借鉴已有研究者所采纳的数据分析方法，本节通过运用 Stata 软件，采用面板数据计量分析模型中的双向固定效应模型对数据进行回归分析，主要回归结果如表 6.10 所示。

表 6.10　主要回归结果

	模型 1	模型 2
因变量：		
企业绩效		
自变量：		
管理能力		0.124*
控制变量：		
总资产（取对数）	0.007	0.005
year2	−0.002	−0.004
year3	−0.003	−0.001
year4	−0.010**	−0.014***
year5	−0.007***	−0.006**
_cons	0.055	0.107

注：*表示在 0.1 的水平下是显著的，**表示在 0.05 的水平下是显著的，***表示在 0.01 的水平下是显著的。

在数据回归分析结果表格中，模型 1 主要用来测量控制变量对企业经营绩效的影响；模型 2 用来测量技术效率变化对企业经营绩效的影响，回归结果显示技术效率变化对企业经营绩效具有显著为正向的影响。

由模型 2 可知，中国零售业上市公司绩效的提升受到企业管理能力的正向影响，即中国零售企业管理知识水平的提高推动了企业财务绩效的改善。因此，可以肯定中国零售企业向国外先进企业学习科学的管理技巧、管理理念、管理工具有助于企业提升经营绩效。

在关于企业绩效的研究中，学者以往更加关注企业的技术能力与企业经营绩效之间的关系，学术界和企业界也更加强调企业开展技术学习和提升技术能力对提升企业经营绩效的重要性。同样，管理能力也是企业发展中至关重要的能力，其与企业的技术能力一样是构成企业核心竞争力的重要组成部分。管理学习作为企业改善管理水平与提升管理能力的关键途径，是企业一项重要的战略决策。在制定与实施管理学习战略时，企业应注重通过配置相关资源提升企管理学习的绩效，进而推动企业形成软实力。

6.5 总结与讨论

本章主要从中国零售行业的整体发展层面以及上市公司层面介绍了中国零售业通过管理学习实践所取得的成绩,具体学习成效总结为以下两点。

首先,从零售行业层面关于零售业态、信息技术的应用及零售管理理念的演化来看,中国零售行业通过学习与引进国际零售巨头的优秀管理实践经验实现了管理现代化的转型,逐渐从过去以传统的零售业态为主转变为以新型零售业态为主,从采纳传统的经营理念转变为普遍采纳现代化的经营管理机制。

其次,从中国零售业上市公司管理水平的变化来看,中国零售企业通过积极引进、应用以及创新企业经营管理理念、工具与方法等,实现了管理改善和管理水平的提升,有效提高了企业的全要素生产率。

中国零售业的管理学习实践显示,中国本土企业能够通过管理学习获取并积累国际最佳管理实践经验知识,以及改善本土企业的管理水平与企业经营业绩。由此看来,企业投入大量的人、财、物等资源开展管理学习,对本土企业的经营发展具有重要意义。

第 7 章

四大微观因素如何影响管理学习
——来自中国上市公司的实践

7.1 关键因素的微观视角

在第 5 章所构建的影响中国本土零售企业管理学习绩效的因子模型中，影响中国零售企业管理学习绩效的因素主要分为了三个维度：环境层面的因素、组织层面的因素和知识层面的因素。由于环境层面的因素对某一区域的企业影响具有普遍性的，不能作为区分同一区域企业间管理学习绩效差距的主要因素；另外，虽然管理知识可以分为显性知识和隐性知识两类，但目前还很难对企业学习的具体管理知识进行严格的区分以及定量研究。基于以上原因，本章将重点围绕因子模型中组织层面的因素作用企业管理学习绩效的机制展开实证研究。

根据资源基础模型，企业的核心竞争力来源于企业有价值的、稀缺的、难以模仿的、不可替代的资源与能力，那么，中国零售企业管理学习绩效的差距主要取决于企业自身所具备的资源与学习能力。

本章采纳实证研究法对影响管理学习的组织层面因素进行实证检验，具体的研究步骤包括以下两个步骤：首先，对影响管理学习的管理知识联结、政治联结、知识基础与管理能力之间的关系进行实证检验；其次，对吸收能力的调节作用进行实证检验。本章的理论模型见图 7.1。

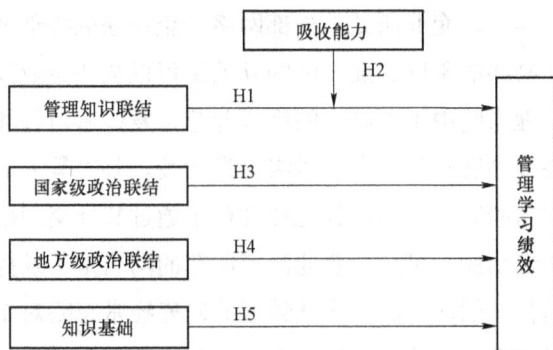

图 7.1　理论模型

7.2　中国上市公司的调研

7.2.1　关键微观因素有哪些

1. 管理知识联结与管理学习绩效之间的关系

企业高管团队成员所构建的联结又称为管理联结（managerial ties），主要指企业的高管成员与其他企业高管的私人联结以及高管与政府部门所建立的联结关系。在制度缺失的中国商业市场中，这些来源于企业高管的对外联结关系对于推进商业发展发挥着重要作用。

任何组织和个人都存在于多个网络关系之中，并且每一个网络都连接着多个组织和个人。基于网络关系所形成的网络资源（network resources）是企业的一项重要资源，能够为企业提供具备不可模仿特征的资源优势。首先，企业所处的外部网络是企业重要的社会资本，并且企业在网络中所处的位置决定企业能够获得的社会资本。在企业的发展过程中，企业的高管团队发挥着获取市场信息、解释规则及加强合作等重要作用。企业高管与其他社会团体之间的关联组成了高管的私人层面的网络关系，蕴含在其中的社会关联和网络是企业重要的社会资本，对企业战略决策和企业绩效具有重要影响。当企业处于不完全竞争或是制度环境不完善时，企业高管的网络资源对企业的战略决策和绩效影响更为显著。因此，企业高管的网络资源也是企业社会资本的重要来源。其次，企业所处的外部网络是企业获取外部知识的一个重要途径，处于同一网络的不同企业之间的互动又可以加快企业间的知识流动。董事会是公司治理系统中不可缺少的组成部分，发挥着监督和咨询的重要作用，董事会的咨询功能与其所在的网络息息相关。刘春等人对异地独立董事在企业并购中作用的研究表明，异地独立董事通过其社交网络对企业的异地并购决策发挥咨询功能。可见，企业高管所在的网络是其发挥知识推广与扩散作用的重要途径。然而，高管团队领域的研究经常忽略对企业高管在知识获取、组织学习以及咨询功能方面的探讨。鉴于此，本节将企业高管团队所在的管理知识网络作为研究的重点之一，着重探讨管理知识网络对企业开展管理学习的作用，其中所涉及的高管团队是指包含董事会成员和监事会成员在内的所有企业高管人员。

在中国五千年的发展历程中，"关系"已经成为一种根深蒂固的制度手段，导致基于个人或是组织之间关系所形成的网络关联逐渐成为学术界关注的研究方向。近年来，Guanxi 一词已由中国社会中的常用词变为国际学术界研究中国市场的热点词汇。在中国以及其他新兴经济体中，由于制度环境中存在制度缺失的问题，而 Guanxi 由于对制度具有一定的替代性作用，在一定程度上弥补了这些地区所存在的制度缺陷问题。在中国等新兴经济体中，基于企业高管的管理联结有利于企业获得资源，能够促进企业的成长与发展。本节关注高管的网络资源对于企业绩效的影响，探讨高管所构建的管理知识联结对企业绩效的作用，即企业高管所构建的管理知识方面的网络关系对于企业所取得的管理学习绩效的影响。

在企业高管与外部网络所建立的联结关系中，其中有很大一部分是关于"知识"的联结。正如以往学者所指出的，企业高管团队在某些情况下发挥着一些诸如解释规章等基本作用，这意味着企业高管团队在企业学习新知识、新规则时发挥重要作用。外部网络作为企业学习新知识的一个重要途径，也是企业高管获取和交换知识的重要平台。由于中国目前还处于转型经济时期，国内依然存在着规章不完善以及制度缺失的问题。同时，经济全球化加大了国内外企业之间的竞争，这导致中国本土企业需要在短期内获取适用于全球市场经济的现代化管理知识。因此，通过高管与外部网络所建立的联结关系获取知识成为中国本土企业获取外部先进管理实践经验的重要方式。鉴于高等院校、研究院所以及咨询机构是知识聚集与传播的重要平台，同时也是个人和团体获取理论知识、交流知识以及解析知识和转化知识的重要平台，以及市场上各种流行管理理念的"幕后推手"。因此，企业高管所构建的管理知识网络主要包括企业高管成员与高等院校、研究院所以及咨询机构所建立的联结关系。

首先，高等院校等教育机构为组织之间开展知识的交流与传播提供了一个长期并且稳定的平台，同时是国外各领域著名学者与国内学者进行知识交流的重要平台，也是知识形成完整体系的重要平台。由于高等院校等教育机构具有完善的知识体系，那么企业高管在该类机构兼职，有利于企业借助高管所在兼职机构的知识平台，更好地帮助企业实现对先进知识的获取、消化、吸收和转化。高等院校等教育机构也是各领域著名研究者聚集的平台，该平台已经形成成熟、系统化的研究与开发机制，以及对先进知识进行解码和再编码的流程，那么企业高管在该类机构兼职能够帮助企业更好地理解和应用先进知识。

其次，研究院所是探索与开发各领域前沿知识的重要平台。研究院所通常具有更加先进的研究与开发工具、设备以及流程等，有助于发现现实中新鲜事物与现象的发展规律；研究院所具有将企业先进实践经验理论化、系统化并进行推广应用的优势，即有利于为企业提供对先进知识进行解码和编码的资源与平台，进而有助于推动企业对前沿管理知识的学习。

最后，咨询机构是将先进知识与企业实践相结合的专业化组织，该类机构通常具有丰富的企业管理实践经验。咨询机构是为企业提供管理学习的一个主要平台，高管在咨询机构的兼职有助于企业更好地利用这一平台。企业高管在咨询机构兼职以及由此所建立的管理知识联结，有助于企业提高最佳管理实践经验与其自身发展的融合程度，从而有助于推动管理知识在企业内部的扩散与应用。

综上所述，企业高管在高校、研究院所、咨询机构等兼职，有利于企业更好地对先进管理理念进行解码翻译及再编码，进而有助于推动先进理念在企业实践中的推广及应用，最终帮助企业改善管理学习绩效。故本节提出如下假设。

假设 1：管理知识联结与中国零售企业管理学习绩效存在正向关系。

2. 吸收能力的调节作用

知识基础观领域的研究表明，企业所掌握的知识是决定其竞争优势的关键因素，而吸收能力则是企业获取与积累知识的关键。所谓吸收能力（absorptive capacity），是指企业识别（recognize）、消化（assimilate）、应用（apply）新知识的能力。具体而言，吸收能力可以分为潜在吸收能力（potential absorptive capacity）和现实吸收能力（realized absorptive capacity）。潜在吸收能力是由知识获取能力和消化能力组成，现实吸收能力主要以知识的转化和利用为主。其中，知识获取能力主要指企业识别并获取对其运营有重要作用的知识的能力；消化能力指企业将外部知识与已有知识结合的能力，是企业分析、加工、翻译和理解外部知识的能力。现实吸收能力是指企业将学到的新知识在企业内部传播并将其运用到企业实践活动中，以及产生新知识的过程。潜在吸收能力利于企业从外部吸收知识，但不利于企业对未来知识的开发；现实吸收能力则强调企业对知识转换和运用的路径以及加工。

研究表明，企业吸收能力越强，越有利于推动企业开展学习活动。企业在开展管理学习时，首先需要在认知上能够理解、获得这些外部管理知识；其次，企业能够对其所获得的新知识进行内部加工并最终实现消化吸收。管理学习的内容是先进的管理思想、管理理念与管理技巧，这些管理知识以隐性知识为主，并且具有路径依赖性、历史嵌入性等特征。不同于基础应用型知识，管理类知识、市场类知识及工艺知识和技能主要源于企业经验并且具有显著的企业特定性特征。因此，识别与理解管理知识需要企业具备一定的知识吸收能力。企业获取知识的能力越强，越有利于企业从大量复杂的知识联结中快速识别出对企业有价值的知识，进而有助于企业改善管理学习绩效；企业消化新知识的能力越强，企业对新知识的理解也越深刻，企业也就越容易从外部管理知识联结中获取管理知识并将其推广、应用在企业内部的实践活动之中。因此，当企业具备较高的知识获取和消化能力时，企业从管理知识联结中识别和理解这类知识的效率越高。

另外，企业转化、应用新知识的能力越强，企业将其所引进的新知识进行转化以及实现商业化的周期越短，即企业开展管理学习的进程越快，那么越有利于企业将从知识平台中获取的知识进行转化，从而提高企业对其外部管理知识平台的利用率；企业转化、应用新知识的能力越强，企业越容易将先进知识与企业现有知识体系进行整合，从而改善外部管理知识在企业内部的合法性，帮助企业更好地实现对新知识的消化和吸收，进而提高企业对其外部管理知识平台的使用效果；企业应用新知识的能力越强，企业通过将所引进的知识进行商业化获利的能力越强，那么企业越有动力加快管理学习的进程，从而提高企业外部管理知识平台的价值性。管理学习是一个不断循环的企业学习过程，一轮新知识的获得、消化与应用将会带动企业对新一轮知识的需求，因此企业需要与其所构建的外部管理知识平台保持互动。企业应用新知识的能力越强，越有利于企业根据新的管理知识规范与升级企业原有的管理系统，以及提高企业的管理水平和企业的运营效率，最终为企业带来相对于竞争对手的效率优势。

鉴于以上分析，企业的吸收能力决定了其获取、理解、消化以及应用企业所引进的外部管理知识的水平，并且较高的吸收能力往往有利于企业较快、较好地获取、理解、消化和应用先进管理知识，较低的吸收能力则会阻碍企业对先进管理知识的获取、理解、消化和应用。因此，吸收能力影响企业所构建的外部管理知识联结在企业学习管理知识过程中的作用，故本节提出如下假设。

假设 2：吸收能力正向调节管理知识联结与企业管理学习绩效之间的关系。即当吸收能力比较高时，管理知识联结对企业管理学习绩效的影响比吸收能力较低时更强。

3. 国家层面的政治联结与管理学习绩效之间的关系

由于中国长期处于计划经济向市场经济转型的过渡阶段，该阶段的转型经济特征使得中国企业所处的制度环境中存在很多制约企业采纳市场化运营管理手段的因素。转型经济的一个重要特征是动态变化性，这种动态变化的制度环境致使单个企业的发展面临较高的不确定性风险，企业通过与政府机构建立一种相对稳定的关系能够降低企业所面临的不确定性风险。企业与政府之间建立的政治联结，又被称为企业的政治资源。在以往的研究中，学者们指出中国政府官员在资源配置和项目审批方面仍旧具有相对较大的权力，这种"专断性的政府行为"不利于企业战略的制定与实施，故中国本土企业一般会通过与政府机构保持良好关系进而获得政府在优惠政策、资金、资源等方面的支持与帮助，最终为企业获取较好的经营绩效提供支持。另外，中国经济正处于转型时期，该时期下国内的经济、政治、法律等环境都处于不断变动之中，这给中国企业的成长带来了高不确定性。鉴于中国政府机构在国家发展中所占据的主导地位，国内企业通过与政府机构建立并保持良好关系有利于改善企业所处的契约实施环境，进而降低企业所面临的政治风险，以及提高企业的经营绩效。从合法性的视角来看，中国企业通过与政府机构保持较好联系，更有利于企业获得来自政府政策方面的支持和信赖，从而有利于企业获得合法性地位。所谓合法性，是指企业的生存发展是否与其所处的环境相匹配，是否符合经济、社会、政治等方面的规章制度。一般而言，具有合法性的企业更容易被社会、市场以及国家接受和认可，进而更容易在激烈的市场竞争中生存和发展。

虽然政治联结为企业在转型经济中的生存与发展带来了很大的便利性，但同时，政治联结还会给企业发展造成一定的负面效应，诸如企业建立政治联结的寻租成本、由此所产生的资源挤占以及企业所承担的政治性负担等。企业的政治联结给企业发展造成的负面效应主要体现在两个方面：第一，由于企业的资源是有限的，企业在政治联结上的投入会挤占企业在管理学习上的资源投入，这种资源挤占将不利于企业开展管理学习。任何一个网络的构建与维系，都需要企业投入大量的人、财、物等资源。然而，企业在一定时期内，其所能支配的资源通常是非常有限的。当企业将更多的资源用在构建与维护其和国家级政府机构的关系时，那么企业能用在其他活动上的资源就会减少。由于企业在获取、理解、消化和应用新知识时，需要投入大量的人才资源、资金资源，但因为受到企业构建政治联结所带来的资源挤占效应影响，企业能够配置在其开展管理学习上的资源变少了，从而降低了企业管理学习的成效。

第二，政治联结容易导致企业产生"合法性惰性"，进而不利于企业管理学习动机的形成。所谓合法性惰性，是指当企业已经通过其政治联结建立合法性地位后，企业通过学习提高内在能力的积极性将会降低。当企业所处的外部环境充满变动性时，企业通常可以采用两种方式来应对环境的变动性：① 企业可以通过采纳相应的措施来掌握外部环境动态变化的规律，进而更好地适应环境和降低不确定性对企业运营的影响；② 企业通过学习新的管理知识来提升企业应对环境不确定性的能力。当企业拥有稳定、良好的国家级政治联结时，企业能够更好地解读与运用当前的经济政策与法律政策，并因此更容易在现有制度环境下获得合法性地位。对于已获得合法性地位的企业，它们更倾向于将有限的资源配置于公司已有的业务之中，以尽可能地减少组织变革以及降低成本。当企业长期处于合法性的位置上时，企业就逐渐开始对现有环境产生一种依赖性，企业的经营模式也随之进入一种周而复始的固定模式，从而减弱了企业学习新知识的动机和能力。因此，国家层面的政治联结虽然能够提高企业在国家制度层面上的合法化程度，但由于其导致企业产生"合法性惰性"，进而降低了企业通过提高自身管理水平来突破发展障碍的积极性，从而不利于企业开展管理学习。从企业的长期发展来看，政治联结对企业改善管理能力具有负面影响。

鉴于上述分析，企业与国家层面政府机构所建立的联结关系降低了企业运营中合法性缺失的风险，但是企业由于能够通过合法性降低现有环境中的不确定性所带来的威胁，导致企业在通过学习新知识提高企业应对不确定性风险的能力方面的积极性大大降低，即基于国家层面政治联结的合法性降低了企业管理学习的积极性。因此，这种由于合法性而产生的学习方面的惰性不利于企业管理学习的开展。

假设 3：国家层面的政治联结与中国零售企业管理学习绩效存在负向关系。

4. 地方层面的政治联结与管理学习绩效之间的关系

1978 年是中国推行改革开放的重要时间，中国经济体制改革的目标自此设定为建立清晰的产权体系和成熟的市场经济制度，以及最终实现由计划经济体制向社会主义市场经济体制的转变。为了促进中国各个地区的市场竞争，中国推行了基于行政性分权的财政体制。该背景下，由于各个地区的经济发展指标与当地政府官员的晋升机制直接挂钩，地方保护主义行为成为一种普遍现象。所谓地方保护主义，是指限定或变相限定本地企业、单位或个人只能购买、使用本地产品或者只能接受本地企业、经济组织或个人提供的服务，同时限制和阻挠外地商品或服务进入本地市场。由此可见，地方保护主义不利于资源在市场中实现自由流动，不利于企业实现全国范围的规模化发展，以及不利于企业研发投入活动产生溢出效应。

为了获得来自企业所在地政府的"地方保护"，企业通常会积极参与本地产业相关的投资建设、当地政府主办的公益性活动、派驻人员在当地政府相关机构挂职、担任地方政府机构的委员等，并试图通过上述方式建立与加强企业与其所在地政府的关系，从而帮助企业获取所在地的稀缺资源。随着企业规模的不断扩张，企业开始从本地市场逐渐走向全国市场。为了避免企业因为其他地区的地方政府对当地企业实施"地方保护性政策"而无法对外扩张，企业通过积极参与当地政府的相关活动、与地方政府官员建立政治联结，进而提高企业在当地市场的合法性地位。但与此同时，企业用于与地方政府构建政治联结的资源挤占了其用于学习的资源，并且合法化的经营环境容易导致企业产生学习惰性。由于企业不需要投入大量资源获取新知识便可以建立竞争优势，这减弱了企业在现有经营环境中所面临的危机感，促使企业基于成本—收益的考虑减少其对管理学习等投资回报周期较长的实践行动的资源投入。因此，企业与地方政府所构建的政治联结虽然有利于企业在地方上获取资源、取得地方制度层面上的合法性，但这种关联同样会降低企业通过提高其管理水平来突破制度障碍的动力，从而不利于企业开展管理学习。

假设 4：地方层面的政治联结与中国零售企业管理学习绩效存在负向关系。

5. 知识基础与管理学习绩效之间的关系

已有研究表明，具备相关的知识储备是企业理解新知识的重要前提。Cohen 与 Levinthal 从吸收能力的视角，指出企业的学习和创新绩效与企业在早期发展阶段的知识积累相关；Lane 与 Lubatkin 关于组织之间学习行为的研究表明，学习方与被学习方知识的相关性、组织结构的相似性、发展背景的可比性等都是影响企业学习的重要因素。

不同属性的知识，其学习难度不同。根据知识的属性，可以将知识进一步区分为显性知识和隐性知识，其中，显性知识是指组织或个人可以通过某种符号编码和记录的知识，或者是隐藏在一些可视化的形式之中（如机器、工具之类的）的知识；隐性知识是指那些难以获得、不可编码的知识。相对于显性知识，企业学习隐性知识的难度更大。显性知识与隐性知识之间不存在恒定不变的界限，双方在某些情况下可以相互转化。个体通过一些创造性的活动（诸如将知识转移到一些软件、系统之中）能够将原本难以编码的隐性知识转化为可以编码的显性知识，为组织和个体学习新知识提供便利性。但是用来对知识进行编码的符号本身也是需要组织或是个体通过学习才能够获得和形成的，诸如一些科学术语、外国语言等。因此，当企业具备一定的相关知识基础时，企业才能够更好地识别知识编码，从而更好地获取和理解隐性知识。

企业管理学习中的管理类知识以隐性知识为主，该类知识主要来源于企业的历史经验，并且具有较高的企业特定性特征和显著的历史嵌入性特征。在开展管理学习时，企业若要实现对其所引进的管理知识的正确解读，还需要熟悉其所引进的管理知识产生的社会背景、历史文化、企业特征等。由于中西方国家在社会、文化、历史、经济体制等方面差异较大，中国企业在学习、引进西方发达国家企业的最佳实践经验时，需要了解知识来源方企业所处的社会文化背景、制度环境特征、企业发展历程等。当企业具备相关的知识基础时，企业更容易理解其所引进的管理实践知识产生的背景以及应用的场景特征等，从而有助于企业正确解读知识产生和应用的逻辑和规律，以及提高企业管理学习的绩效。

综上所述，当企业已经具备一定的现代化管理知识基础时，企业能够正确解读、识别其新引进的现代化知识产生和应用的规则，从而更容易将新知识与企业现有实践进行融合，进而推动新管理知识在企业中的扩散与应用。因此，具备一定的现代化管理知识基础有利于企业开展管理学习。

假设5：知识基础与中国零售企业管理学习绩效存在正向关系。

7.2.2　调研方法与过程

本节通过开展大样本实证研究对前一节所提出的五个假设进行检验。实证研究的样本选自于2008—2013年之间的中国零售行业的上市公司（根据证监会行业分类标准，共有86家零售业上市公司，共有样本472个），去除主营业务非零售业务的样本以及存在异常值和缺失值的样本后，最终剩下可用样本294个。

实证研究中所涉及的数据均来源于CSMAR数据库和WIND数据库，其中，企业的高管信息来源于中国上市公司治理结构研究数据库；所有涉及的财务数据来源于中国上市公司的年度报告；公司的基本信息来源于 CSMAR 数据库。另外，被解释变量的数据来源于本书第 6 章关于全要素生产率及其分解值的测算。

1. 被解释变量

管理学习绩效——纯技术效率的变化值。第 6 章运用 DEAP 2.1 软件测量得到 2007—2014 年之间的中国零售行业上市公司的全要素生产率，以及该值分解值中的纯技术效率值，本节用"纯技术效率值–1"衡量各家上市公司纯技术效率的变化值。选择这一指标的原因，在于纯技术效率反映了企业经营的管理政策和水平，是企业管理能力的体现，因此纯技术效率的变动来源于企业管理活动中最佳实践知识的扩散。在管理能力的现有研究中，学者们主要通过发放调查问卷的方式收集企业管理能力的数值。Bloom 与 van Reenen 将企业的管理实践划分为三类：目标性和监督性工作（targeting and monitioring practices，TMPs）、激励和技能管理工作（incentives and skills management，ISMPs）、运营和沟通工作（operations and communications practices，OCPMs）。依据上述分类方法，Fu 等通过在问卷中设置多项反映管理能力的题项，测量了英国零售业企业的管理能力。Thompson 与 Heron 认为现有关于企业管理能力的测量指标还需要进一步改善，他们指出研究者应该设计一个具有通用型概念的管理能力测量指标，但这种指标目前还不存在。Bloom 与 van Reenen 采用多个维度对企业的管理能力进行测量，他们虽然从多个角度对企业的管理实践进行了划分，但由于每个行业的管理实践活动的侧重点存在差异，因此他们对企业管理实践的划分方法依然难以实现对企业管理实践的全面测量。鉴于此，本节借鉴经济学中关于企业全要素生产率的测量方法，选用其中反映企业管理能力的分解值作为企业管理学习绩效的测量数据，这种方法避免了对企业具体管理实践进行划分所引致的分类方法存在不全面性和不适用性的弊端。

2. 解释变量

管理知识联结（managerial knowledge ties）：高管团队及董事会、监事会成员在大中专院校、研究机构、咨询机构的兼职情况。在以往关于管理联结的研究中，学者们通常认为企业高管人员所构建的对外联结都可以被称为企业的管理联结（managerial ties），而该指标的测量通常涉及以下方面：企业高管人员与其他公司（如购买商、供应商和竞争对手）高管之间的联结、企业高管人员与政府机构（如不同层级政府机构的领导人、工业化机构的官员、一些监管和支持性组织–税务局、银行、商业管理机构等）之间的联结、企业高管的海外背景。本节对企业的管理联结进行了解构，将管理知识联结从企业的管理联结中分离出来，指出管理知识联结强调企业通过高管兼职所构建的管理知识方面的直接联结关系。具体而言，本节借鉴学术界关于政治联结的测量方式，根据企业高管人员在大中专院校、研究机构、咨询机构的兼职情况测量企业管理知识联结。当企业高管在两种类型（一是高等院校、研究院所，二是咨询培训机构）中任一类型的机构兼职时，将企业的管理知识联结记为 1；当企业高管在上述两种类型的机构中都有兼职时，将企业的管理知识联结记为 2；当企业高管在上述两种类型的机构中都没有兼职时，将企业的管理知识联结记为 0。

国家级政治联结：关于企业的政治联结，学术界现有研究主要关注了企业高管人员与政府官员的私人联系、企业高管人员在政府机构的兼职情况、企业的国有股占比情况。除此之外，部分学者还采纳了更加复杂的测量方法，诸如王永进与盛丹通过采用主成分分析法测算企业政治联结指数，他们在测算中分别对企业高管与官员的私人关系、企业董事会以及总经理在政府机关的兼职情况、企业总经理是否为党员进行了统计；Jia 核算企业高管兼职中具有政治联结的人数占企业高管总人数的比例，并将该比例作为衡量企业政治联结这一指标的值。借鉴上述学术研究中关于政治联结的测量方式，以及考虑到数据的可获得性，本节通过统计高管团队在国家级政府机构的兼职情况对国家级政治联结这一变量进行测量。国家级政治联结的具体测量方式为：如果企业高管目前或曾经在中央级政府机关工作或兼职，则该指标赋值为 1；否则，为 0。

地方级政治联结：以往学者对政治联结的测量主要聚焦于企业是否存在政治联结，很少有学者对企业政治联结的层级进行区分。有极少的学者关注到政治联结层级的重要性，他们指出应该对政治联结的测量进行分级处理。鉴于此，本节将企业高管兼职情况依据其所兼职的机构是否属于地方机构来作为测算企业地方级政治联结这一指标的值。企业地方级政治联结具体的赋值方式是：当企业高管目前或曾经在省级、市级、区级政府机关任职或兼职，则该指标赋值为1；否则为0。

知识基础：本节用企业上市年限测算企业所积累的现代化管理知识基础的情况。由于管理类知识通常来源于历史经验，并且具有较高的企业特定性特征，企业对该类知识的学习需要建立在已有的相关知识基础之上。对于大多数企业来说，企业上市是企业开始正式运用现代化管理方式管理企业的一个重要标志，意味着企业自此开始对以往不适合现代化经营方式的组织结构、组织制度、管理理念进行变革，并逐渐开始使用现代化管理理念组织运营企业，诸如从人才选拔、组织结构的构建、规章制度的制定、管理系统的构建、管理工具的选择等多方面开始采纳现代化管理理念。从学习资源的投入方面来看，改制上市也是企业用于引进现代化经营理念、规范化管理方式的投资行动。在成功上市之前，中国企业通常会聘请一些优秀的国内外咨询机构、会计师事务所以及律师事务所、金融机构等帮助企业完善公司治理结构、整顿落后的经营机制、梳理公司章程及各项规章制度等，大多数企业通过企业改制前的资源投入和努力逐渐由传统经营方式向现代化经营管理方式转变。在企业成功实现改制上市后，企业在监管机构、股票市场、相关利益者的共同监督下，通常会不断规范企业运营机制以及完善公司治理结构，并逐步积累和创新现代化管理知识。因此，结合本节所聚焦的企业管理学习这一主题，本节选择企业上市年限作为衡量企业现代化管理知识基础这一变量的指标。

3. 调节变量

调节变量即吸收能力。借鉴学术界关于吸收能力的已有研究成果，本节采用员工受教育程度在本科以上的人数占总人数的比例作为衡量吸收能力的指标。人力资本是影响企业学习过程的重要因素，学习方企业的人力资本状况决定了其从外界知识溢出中获取知识的速度和效果。吸收能力领域的研究主要围绕生产制造企业或是高新技术企业展开讨论，其中部分学者采用企业的研发投入、研发人员数量等指标衡量企业吸收能力的大小，这部分研究指出企业在研究开发方面的投入情况决定了企业对外部知识的吸收能力；也有部分学者认为企业内部员工的知识积累和学习动机的强度是企业吸收能力的重要体现，他们指出企业内部员工的知识积累有利于企业对新知识的理解和吸收，同时内部员工对学习新知识欲望的大小决定他们是否去学习新知识。考虑到研究开发活动目前并不是中国本土零售企业管理学习的重要体现，并且服务行业的企业在研究开发活动上的投入普遍比较低，因此选择研究开发相关的指标作为企业吸收能力的测量指标并不是本研究的最佳选择。另外，考虑到本节关注的是企业对先进管理知识的学习，那么，企业内部员工对新知识的理解和接受情况会直接影响到新管理方法在企业内部的运用情况。鉴于企业员工的受教育程度同时反映了员工知识积累情况以及员工的学习能力，本节选取企业员工的受教育程度作为衡量企业吸收能力的指标。

4. 控制变量

企业规模（员工总数取对数后的值）。企业规模的大小在一定程度上反映了企业资源的丰富程度，规模大的企业一般具备先进的设备、雄厚的资金实力、高质量的人才、领先的技术等，该类企业能够为企业实施战略决策提供可靠的资源；而规模小的企业通常在人、财、物方面都相对匮乏，该类企业能够为企业战略实施提供的资源相对有限。另外，规模大的企业通常拥有更加规范的运营机制，企业的管理水平相对更高。鉴于此，本节将企业规模作为控制变量纳入模型中，并预期企业规模对企业管理学习绩效具有积极作用。目前，学者们通常采用企业的资产总计或是员工总数作为衡量企业规模的指标，本节采用企业员工总数的对数值作为企业规模这一控制变量的取值。

高管的海外经历。海外跨国公司与本土公司之间存在人员流动，并且这是管理知识转移的重要机制，有利于企业改善管理和提升管理水平。在海外接受过正规教育的高管人员以及在海外公司有过工作经历的高管人员，他们通常积累了一定的先进管理知识基础，并成为企业获得管理知识的一种重要途径。在企业实践中，聘请具有跨国公司工作经历的高管及中层管理人员，是后发企业学习以及追赶先进企业通常采取的方法。当企业引入具有一定海外经历的高管人员时，能够提高企业高管团队整体的学习能力，进而有利于提升企业高管团队对国际管理知识的理解、消化和应用水平，从而推动企业学习、引进国际企业的最佳管理实践经验的进程。因此，本节将高管的海外经历作为控制变量纳入模型之中，认为高管的海外经历对企业管理学习绩效产生积极影响。

管理人员占比。企业管理人员的人数在一定程度上反映了企业投入在管理工作上的资源情况，当企业投入在管理工作方面的资源越多时，企业的管理工作越有可能实现较好的管理成效。因此，管理人员占比在一定程度反映了企业管理水平的高低，或者说是反映了企业管理能力的高低。鉴于此，本节将企业的管理人员占比作为控制变量放在模型中，并预期管理人员占比将与企业管理水平的提升存在一定的正向关系。

营业利润率。一般而言，任何企业决策的实施都离不开资金的支持。鉴于一个企业的营业利润率是反映企业经营效率的重要财务指标，它代表了该企业扣除营业成本后获取利润的能力，本节将企业的营业利润率作为控制变量纳入模型中，并预期企业的营业利润率与其管理学习绩效之间存在正向的关系。

管理费用率。管理费用率越高，表明企业支配在企业管理工作方面的资源越多，那么企业管理学习绩效越有可能取得较好的成效。因此，本节将企业的管理费用率纳入模型之中，并预期企业的管理费用率与企业管理学习绩效之间存在正向的相关关系，即企业的管理费用率对企业管理水平的提高具有积极的作用。

国有股占比。企业的国有股占比是企业政治基因的一种客观表现，当企业的国有股比越高时，表明企业受到国家管控的程度越高，同时政府机构对企业在资源分配、优惠政策等方面给予的支持力度越大。因此，国有股占比影响企业战略决策中的资源配置，进而影响企业战略决策的实施。鉴于此，本节将企业的国有股占比纳入模型之中。

技术进步指数。随着信息技术的扩散与快速发展，高科技含量、高信息化水平逐渐成为现代零售企业的普遍特征。该背景下，技术进步逐渐成为影响零售企业改善经营状况的重要因素，中国本土零售企业开始引进诸如供应链管理系统、顾客管理系统、时点销售系统、管理信息系统、仓储管理系统等包含大量信息技术的管理工具，并借助这些先进的信息技术与信息系统提高企业对大规模运营数据及信息的整合与分析能力。因此，本节将技术进步指数纳入模型之中，并预期技术进步指数与企业管理学习绩效之间存在正向的相关关系。

表 7.1 是变量的定义与测量方式。

表 7.1 变量的定义与测量方式

变量	定义	测量方式	作者
因变量			
管理学习绩效	企业管理水平的变化程度	企业全要素生产率分解值中的纯技术效率变化值（运用 DEAP2.1 软件测算）	单春霞（2011）姜向阳等（2011）
自变量			
管理知识联结	企业与现代管理知识平台的关联情况	企业高管在①高等院校和研究院所或②咨询培训机构兼职的情况。取值规则：0–没有构建管理知识联结；1–构建了一类管理知识联结；2–构建了两类管理知识联结	—
国家级政治关联	企业与国家级政府机构的关联情况	企业高管在国家级政府机构的兼职情况（全国人大代表、政协委员、人民法院、国家级别的行业协会等）。取值规则：企业高管目前或曾经在中央级政府机关工作或兼职，则该指标赋值为 1；否则，为 0	Jia（2014）；王永进和盛丹（2012）；Peng 和 Luo（2000）；王砚羽等（2014）；孙忠娟（2012）
地方级政治联结	企业与地方级政府机构的关联情况	企业高管在地方政府机构的兼职情况（地方人大代表、地方行业协会）。取值规则：企业高管目前或曾经在省级、市级、区级政府机关任职或兼职，赋值为 1；否则为 0	孙忠娟（2012）
知识基础	企业现代化管理知识积累情况	企业上市年限。取值规则：企业自上市至 2013 年的时间	—
调节变量			
吸收能力	获取、消化和应用知识的能力	企业员工受教育程度在本科以上的人数占比	Minbaeva 和 Liao（2007）

续表

变量	定义	测量方式	作者
控制变量			
高管的海外经历	—	具有海外经历的高管人数占比	Chen 等（2016）
企业规模（员工总数取对数）	—	对企业员工总数取对数	Uotila 等（2009）
管理人员占比	—	企业管理人员数占总人数比例	—
营业利润率	—	营业利润与营业收入的比值	—
管理费用率	—	管理费用占销售收入的比例	—
国有股占比	—	股权结构中国有股股数与总股数的比例	王砚羽等（2014）
技术进步指数	—	全要素生产率分解值中的技术进步指数	姜向阳等（2011）

7.2.3 调研数据基本情况

表 7.2 是各变量的描述性统计分析，列示了本节中各个变量的样本数、均值、标准差、方差膨胀因子和相关系数矩阵。从表 7.2 中的数据可以看出，样本企业的管理水平变化幅度平均为 0.2%，方差膨胀因子均远远小于 10，这表明各个变量之间不存在多重共线性的干扰。由相关系数矩阵可知，管理知识联结与管理水平之间存在正向关系，符合假设 1 中的推导逻辑；吸收能力与管理水平之间存在正向关系，符合假设 2 的推导逻辑；国家级政治联结和地方级政治联结与管理水平之间存在显著负向关系，假设 3 和假设 4 得到初步验证；知识基础与管理水平变化之间存在正向关系，假设 5 得到初步验证；营业利润率、管理费用率与管理水平的变动之间存在显著的正向关系。

表 7.2　各变量的描述性统计分析

		N	Mean	S.D.	VIF	1	2	3	4	5	6	7	8	9	10	11	12	13
1	管理学习绩效	294	0.002	0.040	—	1.000												
2	管理知识联结	294	0.942	0.467	1.72	0.075	1.000											
3	国家级政治关联	294	0.259	0.439	1.66	-0.138**	0.040	1.000										
4	地方级政治关联	294	0.347	0.477	1.19	-0.117**	0.060	0.304***	1.000									
5	吸收能力	294	0.190	0.193	1.17	0.068	-0.031	-0.087	0.082	1.000								
6	知识基础	294	14.819	3.892	1.16	0.018	0.163***	-0.059	-0.107*	-0.051	1.000							
7	高管的海外经历	294	0.040	0.063	1.15	0.009	-0.026	0.062	0.105*	0.103*	-0.107*	1.000						
8	企业规模	294	7.744	1.193	1.13	0.024	-0.038	-0.003	-0.015	-0.112*	-0.036	0.120**	1.000					
9	管理人员占比	294	0.161	0.252	1.13	0.067	-0.031	-0.037	0.071	0.600***	-0.057	0.057	0.081	1.000				
10	营业利润率	294	0.053	0.035	1.09	0.211***	0.047	-0.019	-0.077	-0.100*	0.167***	-0.063	-0.274***	-0.045	1.000			
11	管理费用率	294	0.066	0.040	1.06	0.103*	-0.113*	0.061	-0.024	0.034	-0.059	0.102*	-0.081	-0.045	0.005	1.000		
12	国有股占比	294	0.057	0.129	1.06	-0.004	-0.014	0.086	0.091	-0.075	-0.246***	-0.121**	0.092	-0.069	-0.059	-0.009	1.000	
13	技术进步指数	294	0.031	0.182	1.05	0.075	-0.086	0.014	0.048	-0.020	-0.099*	-0.043	-0.009	0.069	0.126**	-0.045	0.097*	1.000

注：表格中的相关系数及显著性为 Pearson 检验结果，*表示在 10%水平显著，**表示在 5%水平显著，***表示在 1%水平显著。

由于本节中所使用的数据为短面板数据，借鉴该领域现有研究中所采纳的方法，本节运用 Stata 软件并采用面板数据计量分析模型中的固定效应模型对数据进行回归分析。表 7.3 是实证检验的结果。

表 7.3　实证检验的结果

	模型 1	模型 2	模型 3	模型 4	模型 5	模型 6	模型 7
管理知识联结		0.012** (2.07)				0.023*** (2.87)	0.018** (2.24)
国家级政治联结			−0.016*** (−3.23)				−0.014*** (−2.69)
地方级政治联结				−0.010** (−2.06)			−0.008 (−1.6)
知识基础					0.003*** (3.52)		0.003*** (3.11)
调节变量							
吸收能力						0.071*** (3.59)	0.055*** (2.73)
管理知识联结*吸收能力						−0.043** (−2.46)	−0.028 (−1.46)
控制变量							
高管的海外经历	−0.029 (−0.41)	−0.017 (−0.24)	−0.017 (−0.23)	−0.011 (−0.15)	−0.028 (−0.46)	−0.022 (−0.31)	0.004 (0.06)
企业规模	0.002 (0.76)	0.003 (0.84)	0.002 (0.58)	0.002 (0.57)	0.001 (0.22)	0.003 (1.03)	0.000 (0.14)
管理人员占比	0.012* (1.92)	0.012* (1.87)	0.009 (1.4)	0.013* (1.94)	0.012** (2.12)	−0.004 (−0.3)	−0.004 (−0.27)
营业利润率	0.550*** (3.7)	0.550*** (3.73)	0.553*** (3.78)	0.531*** (3.67)	0.511*** (3.42)	0.547*** (3.64)	0.495*** (3.45)
管理费用率	0.084 (1.07)	0.097 (1.28)	0.092 (1.19)	0.083 (1.08)	0.091 (1.19)	0.102 (1.35)	0.113 (1.56)
国有股占比	0.004 (0.1)	0.008 (0.19)	0.001 (0.02)	0.006 (0.15)	0.034 (0.78)	0.011 (0.25)	0.037 (0.88)

续表

	模型 1	模型 2	模型 3	模型 4	模型 5	模型 6	模型 7
技术进步指数	0.004 (0.36)	0.006 (0.55)	0.005 (0.51)	0.005 (0.42)	0.005 (0.43)	0.009 (0.80)	0.011 (0.96)
_cons	−0.053* (−1.73)	−0.068** (−2.19)	−0.044 (−1.54)	−0.045 (−1.48)	−0.091*** (−2.71)	−0.086*** (−2.80)	−0.103*** (−3.18)
N	294	294	294	294	294	294	294
Prob>F	0.001 2	0.000 7	0.000 0	0.002 4	0.000 3	0.000 0	0.000 0
F 值	4.17	4.22	5.74	3.6	4.57	5.39	4.76
R^2	0.059 8	0.044 6	0.074 8	0.069	0.037 7	0.078	0.063 3

注：括号中为 t 统计量，*表示在 10%水平显著，**表示在 5%水平显著，***表示在 1%水平显著。

7.3　微观因素对管理学习的作用机制

7.3.1　管理知识联结促进管理学习

模型 1 检验了控制变量对企业管理学习绩效的影响，所得到的作用机制与预期结果基本一致。模型 2 引入了解释变量管理知识联结，回归分析结果显示管理知识联结显著地正向影响管理学习绩效，该结果表明企业管理学习水平随着企业构建的管理知识联结数量增加而提高。可见，管理知识联结能够促进企业管理学习绩效，故假设 1 得到验证。

7.3.2　吸收能力强化管理学习

模型 6 中引进了调节变量吸收能力，所得到的回归分析结果显示：吸收能力显著地正向调节管理知识联结与管理学习绩效之间的关系。该结果表明，当企业的吸收能力高时，管理知识联结对企业管理学习绩效的正向作用更加明显；当企业的吸收能力低时，管理知识联结对企业管理学习绩效的正向作用相对较弱。可见，吸收能力强的企业，管理知识联结对管理学习绩效的积极效应更加明显，故假设 2 得到验证。

7.3.3 政治联结弱化管理学习

为了验证政治联结对企业管理学习绩效的影响，在模型 3 和模型 4 中分别增加了解释变量国家级政治联结和地方级政治联结。模型 3 的回归分析结果显示，国家级政治联结显著地负向影响企业的管理学习绩效，即企业构建的国家级政治联结越多，企业的管理能力提升的程度越小。可见，国家级政治联结不利于企业管理学习绩效的提升，故假设 3 得到验证。模型 4 的回归分析结果显示，地方级政治联结显著地负向影响管理学习绩效，即企业构建的地方级政治联结越多，其管理学习绩效提升的程度越小。可见，地方级政治联结不利于企业开展管理学习实践，其对企业管理学习绩效的提升起到负面作用，故假设 4 得到验证。

7.3.4 知识基础促进管理学习

模型 5 中引进了被解释变量知识基础，该模型的回归分析结果显示，知识基础显著地正向影响企业的管理学习绩效，即当企业积累的相关知识基础越多时，企业管理学习绩效越好。可见，企业积累相关的知识有利于企业管理水平的提高，故假设 5 得到验证。

7.4 总结与讨论

本节主要梳理了企业微观层面的影响因子对企业管理学习绩效的作用机制，主要内容涵盖以下四点。

1. 管理知识联结是企业获取管理知识的重要渠道

虽然许多企业都存在高管在高校、研究机构、咨询机构兼职的现象，但是很少有学者关注企业高管由此所构建的管理知识联结对企业发展的影响。本章围绕中国本土零售企业的管理学习实践经验，详细梳理了中国本土零售企业所构建的管理知识联结对于企业引进、吸收和应用先进的管理理念、管理工具、管理技巧所发挥的积极作用，以及管理知识联结对企业管理能力的提升所产生的正向推动作用。管理知识联结有助于企业通过管理学习更好地解码和编码知识，具体而言主要体现为：首先，管理知识联结有助于企业将适用于企业发展的新理念进行解码，并通过专家组的解码促使新的管理知识便于被企业管理人员和员工理解和认识；其次，管理知识联结有助于企业引进外部研究者对企业实践工作进行指导，帮助企业建立适应企业发展逻辑的新管理理念，进而推动企业内部员工消化和吸收行业最佳管理知识；最后，管理知识联结是企业获取外部知识的重要来源，企业的管理知识联结能够为企业带来雄厚的知识资源以及前瞻的理论见解，进而为企业提供科学的管理知识引进与应用方案。

鉴于企业所构建的管理知识联结对企业开展管理学习具有重要价值，企业应该加强其在构建和维护管理知识联结方面的实践行动。具体而言，企业可以从以下三个方面展开行动：首先，在积极获取与企业实践相关的先进管理理念过程中，企业可以通过与高校、研究院所、咨询机构等先进知识平台建立联系，并借助企业所建立的上述管理知识联结帮助企业对其所引进的管理知识进行解码，进而推动先进管理知识在企业内部的推广和应用；其次，企业应该鼓励那些占据管理知识联结重要节点的关键人员发挥其积极作用，借助关键人员推动先进管理理念与企业实践相结合，诸如鼓励关键人员承担企业管理学习需求的调研、管理问题诊断及管理知识编码等工作，最终促使管理知识在企业内部得到有效推广与应用；最后，企业可以通过加强其与高校、研究院所、咨询机构等平台的互动频率与效率，推动合作双方资源实现优化配置，进而推动企业管理学习的进程以及改善企业管理学习绩效。

2. 吸收能力的调节作用

广泛的管理知识联结是企业获取、交流管理知识的重要网络资源与渠道，但是这并不意味着拥有丰富管理知识联结的企业就一定比其他企业的管理学习绩效好，原因在于每一个企业的吸收能力是不同的。所谓吸收能力，是指企业获取、理解、消化和应用知识的能力，该能力反映了企业学习新知识的基本能力。在当今这个知识爆炸时代，信息传播速度以及更迭速度不断加快，这致使企业对新知识的应用水平比获取水平更加重要。当企业具备较高的吸收能力时，企业能够更好地从繁杂的知识网络中获取、理解与应用新知识；

当企业的吸收能力较低时，即使企业拥有强大的知识网络，其也难以将网络中的新知识转化为企业自己的知识。因此，在开展管理学习过程中，企业应该在扩充有用的知识网络资源的同时潜心提升企业的吸收能力；否则，吸收能力将会成为阻碍企业管理学习的绊脚石，致使企业丰富的知识网络资源无法发挥其资源优势。

虽然企业改善其吸收能力的途径有很多，但关键在于企业内部员工。由于企业是由个人组成的，因此企业发展所需要的各种知识和技能都需要被每一个企业成员所熟知。在此背景下，提升企业成员的学习能力便成为提升企业吸收能力的重要途径。对此，许多企业普遍采用高管培训、员工技能培训、职工再教育等方式来提升企业成员学习能力。鉴于此，企业在发展过程中应注重内部员工知识结构的构建与升级，以及根据企业所处的发展阶段开展职工再教育、高管培训等学习项目，进而改善企业吸收与应用最佳管理知识的水平。

3. 政治资源诅咒与合法化陷阱

资源诅咒主要用于描述某地区自然资源禀赋的现象，是指资源过多所引致的一些负面效应，该概念目前在其他资源的相关研究中较少被提及。从资源构成的内容来看，企业资源不仅仅包含那些能看得见、摸得着的资源，同时包括知识、政治资本、声誉等看不见的资源。资源基础模型的相关学者指出，资源是企业构建竞争优势的重要基础。借鉴资源诅咒的概念，企业所拥有的资源也不是越多越好，其中那些看不见的资源也会给企业发展带来资源诅咒的影响。诸如，政治资源一向被企业家、学者看作有助于企业发展的重要资源，他们强调该类资源能够帮助企业尽快实现合法性、降低生存环境中的政治风险。然而，由于政治资源会导致企业在管理能力的提升上产生惰性，并且过多的政治资源所引致的学习惰性会给企业的发展带来负面效应，该负面效应有可能会超过政治资源给企业带来的合法性优势。因此，企业在构建政治联结时，应同时引进内涵式发展模式以加强企业内部管理能力的提升，进而降低政治资源诅咒现象给企业长期发展带来的危害性。

企业高管所建立的政治联结是对中国企业发展尤为重要的资源，能够促进企业快速获得合法性地位，从而帮助企业获取有利的政策支持、融资渠道以及稀缺资源等。获取合法性地位是企业战略实施的基础，但合法性实际上是一把双刃剑。当企业为了实现合法性而构建国家级或是地方级政治联结时，需要关注政治资源对企业发展所带来的正面和负面两种效应。一方面，企业可以有效运用政治联结降低企业在制度层面的运营风险与成本，并获得各种有利于企业发展的稀缺资源与政策倾斜；另一方面，企业需要谨防企业合法化的身份所带来的企业在管理学习上的惰性，即企业要时刻强化与时俱进、不断学习的理念，并积极引进、吸收行业最佳管理实践经验。

纵观中国国内大型国有企业的发展历程以及诸多国内外学者的研究成果，发现"惰性"是阻碍大型国有企业发展的一大障碍。然而，学术界缺乏关于这些企业产生惰性原因的讨论与探究。众所周知，这些大型国有企业具有强大的"合法性"地位，这促使它们在资源获取、政策倾斜、规模扩张、融资渠道等方面都具有独特的优势，并且这些大型国有企业都成功发展为其所在行业中的"龙头"企业。根据本节中所提出的"合法化陷阱"可知，中国的大型国有企业所表现出来的"惰性"正是源于其在行业中长期所拥有的合法性地位。现阶段，中国正处于转型经济发展时期，该背景下社会各界对国有企业改革的呼声很高，这造成国有企业也正在经历着合法性地位降低的挑战。国企改革所引致的合法性地位降低虽然可能给部分国有企业带来不利影响（诸如无法获取大量的稀缺资源与优惠政策等），但从长远看，国企改革有利于削弱国有企业日积月累所形成的"惰性"以及推动国有企业实现可持续发展。

4. 现代化管理知识的积累

由于具备相关知识基础有利于企业实现对新管理理念的理解、消化和吸收，因此企业应该关注其在上市前所开展的关于组织结构重构、业务调整、管理体系建设、规章制度变革等行动对于企业后期运用现代化管理工具的重要作用。具体而言，企业在进行上市前整顿及管理变革时，不能将管理变革的目标定为满足相关机构的上市前审核，而是应该从本质上推动企业管理现代化的进程以及现代化管理知识的积累，进而为企业上市后改善管理水平奠定知识基础。

管理能力是企业核心竞争力的关键构成要素。管理学习作为企业提升管理能力的重要途径，其一方面能够帮助企业缩短更新管理知识的时间，另一方面有助于企业学习、引进成功的管理实践经验以及降低企业管理变革失败的风险。因此，管理学习是企业至关重要的战略决策。随着信息技术的快速发展，企业对管理理念、管理工具及管理技巧的应用方式也发生了巨大变化。与传统的管理手段不同，现代化管理方式是建立在信息技术基础之上，该类管理方式有助于企业在时间、商品、服务等方面实现精细化管理。随着信息技术的快速迭代以及经济全球化趋势的演进，企业需要不断更新管理知识以适应瞬息万变的外部环境。因此，管理学习是企业一项长期的战略行为。鉴于此，企业应该为开展管理学习提前进行战略部署，尽早开始有关现代化管理知识的学习与积累。

综合本章的研究结论，企业开展管理学习应该关注以下因素的影响：第一，企业构建管理知识联结有利于改善企业管理学习的成绩，提高企业的吸收能力有利于强化管理知识联结对企业管理学习绩效的积极作用；第二，企业应当注重积累现代化管理知识基础，具备相关的知识基础有利于企业开展管理学习以及改善管理水平；第三，政治联结对企业管理学习具有负面影响。虽然政治联结能够为企业带来合法性，但是国家层面的政治联结及地方层面的政治联结都不利于企业管理水平的提高，它们对企业管理学习绩效具有显著的负面作用。

第 8 章

中国企业管理学习的标准化战略

8.1 管理学习的标准化特征

管理学习是企业重要的战略决策，有助于企业获取外部领先管理知识以及改善管理水平。由于管理学习的内容通常以隐性知识为主，导致企业开展管理学习难以获得满意的学习效果。为了提高管理学习战略实施的有效性，企业通常采用一些标准化的行动来提高管理学习成效，诸如采用标准化的管理培训流程、将最佳管理实践标准化等。可见，标准化是企业实施管理学习的一个重要战略特征。

本章采纳规范的单案例研究方法，通过调研案例企业收集其管理学习的关键行动以及主要学习过程，通过解析案例企业管理学习过程中的标准化战略特征总结、归纳案例企业管理学习的标准化机制。具体而言，本章分析了企业开展管理学习的标准化战略特征，探讨了案例企业如何实现管理主体标准化和客体标准化。

8.2 案例企业的调研

8.2.1 调研的主要问题

在梳理了企业管理学习的过程以及影响企业管理学习的多维度因素后，

本章关注的研究问题是：企业管理学习过程中的标准化行动有哪些？企业如何通过标准化战略开展管理学习进而改善企业管理效率？

8.2.2　调研方法与过程

1. 案例选择与主要数据来源

鉴于苏宁是中国本土零售企业开展管理学习的典型代表，其在开展管理学习的过程中采纳了多种标准化行动，并最终通过管理学习较好改善了企业的管理效率，因此，本节选择苏宁作为案例研究对象。在数据获取方面，本节基于三角测量的原则，综合采用实地考察、人员访谈、企业官网、新闻报纸、书籍、文献等多种数据来源收集相关数据资料，进而保证数据的真实性与准确性。本节所使用的具体数据同第 4 章表 4.1 的数据来源及主要信息。

2. 研究方法与分析思路

本节采用规范的单案例研究方法对案例企业的管理学习实践展开分析，以识别案例企业管理学习过程中的标准化行动。在数据分析之前，本节首先依据管理学习领域的相关研究基础构建理论分析框架，进而用以指导本章的案例分析过程。

管理学习领域的已有研究表明，管理知识以隐性知识为主，该类知识与其产生的社会背景、企业特性密切相关，这导致管理知识在企业之间转移面临很多困难。近年来，随着信息技术的发展，部分管理知识能够通过嵌入在管理信息系统中在企业之间进行转移，这为企业开展管理学习提供了便利性。当管理知识嵌入在企业内部的信息系统中时，便会形成一种更为标准化的知识形式并以该形式在组织内部扩散与传递，进而有助于提高企业在客户管理、供应链管理、商品管理、门店管理等方面的标准化管理能力。管理学习过程中的标准化机制缩短了企业内外部组织之间信息传递和知识共享的时间，降低了企业收集信息的资金成本和时间成本，推动企业做出及时、可靠的管理决策。由此看来，采用标准化战略实施管理学习对改善企业管理水平具有重要意义。鉴于此，本节初步构建了如图 8.1 所示的理论框架。

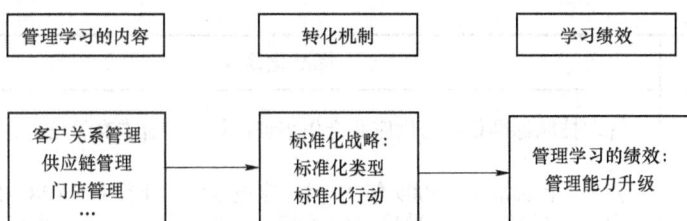

图 8.1 理论框架

8.3 标准化战略的内容

通过分析所收集的一手资料与二手资料，本章梳理了案例企业苏宁开展管理学习各阶段的主要学习内容、学习行动及所获得的学习成效。案例企业管理学习的实践行动和过程显示，案例企业引入了大量标准化的管理信息系统和具有标准化特征的管理技能，并在管理学习的过程中实现了企业管理活动主体的标准化和客体的标准化，进而最终通过上述标准化行动有效改善了管理学习绩效。所谓企业管理的主体，是指企业实施管理的主要责任人，诸如高级管理人员、中层管理人员和行政管理类员工等；企业管理的客体是指管理者开展管理活动所作用的具体对象，主要包括顾客、供应商、商品、门店等。表 8.1 是苏宁管理学习中的标准化行为，具体展示了主体和客体标准化的实现途径。

表 8.1 苏宁管理学习中的标准化行为

分类	标准化途径
客体标准化	客户管理：通过会员制，掌握顾客的购物偏好等数据 供应商管理：构建供应链管理平台，与供应商的系统进行对接；在产品、信息、资金、员工培训等多个领域合作；与供应商成立营销学院；利用信用保险工具方面进一步与国际接轨，主动地参与到供应商的信用管理之中，建立稳定的供应链关系 门店管理：设置统一的门店标识、店面布置、商品陈列、员工着装等；设立自建店开发标准 商品管理：加强品类管理；自主研发的远程电脑服务产品——IT 帮客

续表

分类	标准化途径
主体标准化	管理技能标准化：与供应商合作培训；与高校合作高管培训；在线培训系统 管理平台标准化：2009 年 11 月，家电零售行业首个 SAP/CRM 系统在苏宁电器成功上线，受理、回访和工单处理的业务进一步优化；启用 4008-365-365 统一服务号码 组织结构的支持：设立总部管理中心、地区管理总部；增设行政管理总部，整合办公室、行政、后勤体系，提升内部管理效率；增设华南地区总部，整合公司在广州、深圳、广西、海南等地的资源；推进品类管理，设立办公助理部门、运营商管理部门、厨卫电器部门等；成立大运营体系，全面提升销售、服务能力；将"苏宁易购"定位为电子商务的业务总部，搭建全国范围的电子商务运营架构；建立了完整的总部-大区-子公司的大采购组织体系

案例企业苏宁通过实施管理学习的标准化战略，有效推动了企业管理客体和主体的标准化过程，从而推动案例企业有效运用其所引进的管理知识进行经营管理。下面从案例企业管理的主体标准化和客体标准化两个方面进一步解析管理学习标准化战略的经验。

8.3.1　主体标准化

管理活动是一项涉及多个管理对象以及受到环境、个体及企业等多方面因素影响的复杂活动，因此，管理人员作为企业管理活动的主要责任人，其管理理念以及管理技能的平均水平在很大程度上决定了企业的管理水平。鉴于企业管理人员在教育背景、工作经历、管理理念上的差异性，如何改善企业管理人员在例行事务上的行动一致性对于提高企业整体管理水平具有重要意义。

案例企业的管理学习实践表明，企业管理的主体标准化是案例企业管理学习过程中实施标准化战略的主要体现之一。鉴于人是企业管理活动的主体，管理人员在管理认知以及管理技能、管理工具使用方面的平均水平决定了企业的整体管理能力。为了改善企业管理主体的管理水平，首先，案例企业苏宁通过完善企业内外部培训体系提高了管理类员工在管理认知、管理技能上的一致性；其次，苏宁通过构建行政管理领域、业务领域、客户管理领域的管理信息系统提高企业管理工具的统一性和标准化，进而将针对同一类管理客体的管理活动纳入同一个管理平台上，有效提高了企业内部管理类员工在管理工具使用上的标准化与规范化；最后，苏宁借鉴国际领先企业的组织管理模式对其组织结构进行调整，为内部管理主体开展针对管理客体的管理活动提供可靠的组织保障。通过开展针对企业管理主体的标准化行动，案例企业提高了内部管理人员在管理认知、管理工具的使用及组织流程方面的一致性，有效改善了案例企业的整体管理水平。

8.3.2　客体标准化

作为零售企业，案例企业管理活动面向的对象具有多样性、复杂性和变动性特征。首先，案例企业管理对象包括人和物两种，这种多样性的管理对象特征给企业管理活动增加了挑战。其中人员方面又涉及员工和客户，物方面涉及商品、门店、物流、外部合作企业等。其次，案例企业所面对的每一类管理对象又充满复杂性，这进一步增加了企业管理活动的难度。诸如，案例企业的员工在性别、教育背景、认知水平、聘用方式等方面存在很大差别，企业客户在收入水平、产品需求、消费习惯、支付方式偏好等方面也存在很大差别，企业的商品在存储条件、商品形态及门店所在地理位置等方面也存在很大的差别。上述管理对象所呈现出的差异性导致案例企业管理对象具有复杂性特征，这增加了企业管理活动的难度。最后，案例企业的管理对象具有明显的动态变化特征，这要求企业提高管理的灵活性。案例企业的员工具有非常强的流动性特征，多数一线员工没有与公司签订长期的聘用合同；另外，客户的需求也处于变动之中。来自管理客体的变动性增加了企业管理活动的难度，要求企业具备相应的动态管理能力。

案例企业的管理学习实践表明，客体标准化是案例企业管理学习过程中实施标准化战略的主要体现之一，该战略帮助案例企业有效应对了其所面临的企业管理客体的多样性、复杂性及变动性特征。在管理学习过程中，案例企业苏宁通过构建客户管理信息系统将客户的基本信息及消费信息进行统一收集和处理，为企业分析市场需求以及顾客购买行为提供了重要的基础数据；通过构建供应链管理平台，案例企业将供应商的产品数据与企业自身系统进行对接，有效推动了苏宁通过企业内部管理系统识别和使用供应商的商品信息数据，最终提升了案例企业的供应商管理水平；通过设置统一的门店标识、店面布置、商品陈列、自建店开发标准等，案例企业实现了门店管理的统一化与标准化……由此看出，案例企业在先进的管理理念指引下，逐步实现了客户、员工、门店、供应商、商品等管理对象在符号上的统一化与标准化，这有助于企业快速识别管理问题、改善管理水平、提升管理能力，进而为案例企业提升管理效率奠定了重要基础。

通过实施标准化战略，案例企业苏宁通过管理学习有效实现了企业管理主体与管理客体的统一化与规范化，进而提高了苏宁内部管理类员工的执行力和管理水平，最终为苏宁在企业整体层面推广与应用先进管理知识奠定了重要基础。由此可见，标准化战略对于企业提升管理学习绩效具有重要作用。

鉴于以上分析，本节从企业管理的主体与客体两个维度分析了企业开展管理学习的标准化战略，并总结出图 8.2 管理学习中的标准化机制。

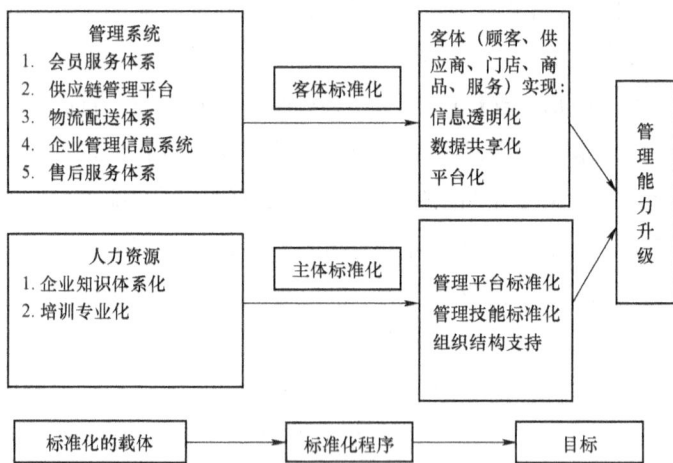

图 8.2　管理学习中的标准化机制

在开展管理学习的过程中，案例企业苏宁通过采用标准化战略分别提高了企业管理主体与客体的标准化程度，进而改善了企业管理学习的效率与绩效。通过开展一系列标准化行动，案例企业加速了企业内部对其所引进的管理知识的吸收与应用，并通过流程化、规范化的管理帮助企业形成动态能力，进而促成企业对环境的动态变化快速做出反应。由此可见，企业开展管理学习的过程不仅是企业管理能力不断升级的过程，也是企业形成动态能力的过程。

中国零售企业的动态能力主要体现在企业管理能力升级的动态过程中。从世界经济发展历程来看，中国零售企业经历了由计划经济体制逐渐向市场经济体制转型的过程，该行业企业的转型过程在企业层面上体现为企业从采纳传统的管理方式逐渐向采纳现代化的管理方式转型的过程。中国零售企业实现管理现代化的过程，是中国零售企业管理能力不断升级与演化的结果。中国零售企业从夫妻店模式逐渐发展为现代化的购物商场，有效实现了管理升级，企业在商品管理、人员管理、客户管理、业绩管理、营销管理等领域都发生了管理技巧层面及组织结构层面的改变。现阶段，中国零售企业开始探索世界前沿的零售业态，这意味着中国零售企业已经具备应对外部变化的动态能力。

8.4 总结与讨论

1. 总结

在开展管理学习的过程中，案例企业苏宁通过运用标准化战略提高了企业管理主体以及管理客体的标准化程度，进而改善了企业管理学习绩效以及竞争优势。标准化战略对于企业的影响具体体现在以下五点。

第一，标准化战略有助于企业通过管理学习形成标准化以及规范化的管理工具与流程，企业内部员工通过运用这些标准化的管理工具与流程为顾客提供标准化的产品和服务。采纳标准化的管理工具与流程，企业内部员工的行为受到严格的约束与指引，进而可以降低因员工个人的失误所带来的产品或服务质量问题，从而有助于企业提供相对稳定的产品和服务水平。因此，标准化战略不但有助于企业提高和维持顾客满意度以及降低企业的运营成本，还有助于企业建立良好的品牌形象。

第二，标准化战略有利于企业内部员工形成统一的经营管理理念，并有助于企业经营管理理念的推行以及传承，推动企业实现可持续发展。首先，通过实施标准化战略，企业能够在管理学习过程中形成针对顾客、供应商、门店、商品、服务等管理客体的标准化管理体系与流程，进而有助于企业为其内部管理类员工提供可靠、有效的员工培训内容和培训模式，从而提升企业人才培养的质量以及降低员工能力提升的长期成本。其次，基于企业所形成的稳定、有效的员工培训模式，企业能够将先进的管理知识通过正式的学习渠道、规范的培训模式传递给员工，并为员工消化、吸收先进管理知识提供科学的方法与途径，进而有助于企业所引进的管理知识和内部沉淀的最佳实践经验在企业内部得到推广与传承。

第三，标准化战略有助于提高企业的运营效率，以及缩短信息的传递周期。企业内部的工作可以分为例行类工作和例外类工作两种类型，这两类工作的难易程度不同。首先，标准化战略有助于企业处理例行类工作。对于例行类工作，企业通常已经设计并形成规范的处理流程。因此，当企业管理类员工处理例行类工作时，他们能够采纳标准化的管理工具和管理流程进行信息处理，进而缩短部门间信息传递时间以及员工对信息处理的时间，从而有助于提高管理人员工作的效率。其次，标准化战略有助于企业处理例外类工作。对于例外类工作，企业通常无法提前设计并提供流程化的处理方式，该类工作对企业员工的管理水平提出了更高的要求。采纳标准化战略，企业通过管理学习所引进的管理信息系统有助于企业提高管理主体与客体的标准化程度。企业通过信息系统将来自供应商、顾客等外部主体的信息以一种相对统一的形式和途径传递给企业内部各部门，实现了信息在企业内部各部门的同步化和统一化，有效降低了各个部门管理类员工处理信息的复杂性，从而有助于改善企业运营的效率。

第四，标准化战略有助于提高企业管理决策的准确性。采纳标准化战略，有助于企业引进和建立管理信息系统等并形成企业内部的信息共享平台，进而打破企业内部存在的"部门墙"以及提高信息的流动性。随着企业规模的扩张，企业内部的组织机构和管理层级不断增加，进而导致企业内各部门之间的沟通成本越来越大。通过建立标准化的管理信息系统，企业能够提高其内部信息的传递效率及改善各部门间的沟通与交流质量，进而有助于企业管理者基于即时、有效的客观信息作出判断与管理决策。以企业与供应商的合作为例，企业通过管理学习引进标准化的供应链管理系统，实现了企业与供应商双方信息系统的对接以及信息共享，提高了企业对各类原材料库存与使用情况的监测与管理水平，为企业和供应商作出进货管理、渠道管理及供销管理等相关决策提供了即时、可靠的信息。

第五，基于企业自身管理实践经验所形成的标准化战略，有助于企业构建竞争优势。在开展管理学习的过程中，案例企业通过标准化战略实现了管理工具等方面的标准化，为企业组织管理工作提供了规范和统一的管理工具。随着企业管理工具标准化程度的提高，外部竞争对手更加容易识别到企业的显性管理知识。但对于企业标准化管理工具中所融入的隐性管理经验，由于这一部分隐性知识不易被竞争对手识别和理解，该部分知识成为企业竞争优势的来源。因此，企业在其管理标准化过程中嵌入企业自身的最佳管理实践经验，有助于企业构建战胜竞争对手的竞争优势。

2. 讨论

标准化战略有助于管理知识在企业内部快速得到推广与应用，是企业提升管理学习绩效的重要方法。由于管理思维的转变、管理方式的更新等通常引致组织变革，导致企业管理学习面临很大阻碍。为了加快新管理知识在企业内部的推广与应用，企业需要尽可能地提高管理知识的可转移性和可编码性，诸如通过将隐性管理知识嵌入在 IT 系统等方式实现管理活动的标准化和流程化。由于标准化后的管理知识具有较强的可转移性和可编码性，更容易被员工识别和理解，进而更便于企业在组织内部传播和应用，因此企业采纳标准化战略能够改善管理学习绩效。

企业管理学习实践中的标准化行动不会损害企业的竞争优势。在企业管理学习的标准化战略实施过程中，虽然部分最佳管理实践经验通过嵌入在信息系统后变得容易被竞争对手模仿，但由于管理知识以隐性知识为主且通常融入了企业自身的成长经验，因此，模仿者必须能够识别出这些知识并将其与企业实际情况相匹配后才可以真正实现"学以致用"。鉴于上述分析，相对于担心企业的管理实践被竞争对手模仿而言，企业更应该将注意力放在如何通过标准化战略提升企业内部员工消化、吸收和应用先进管理知识的能力。另外，企业不能简单认为企业通过管理学习必然能够改善其管理水平，企业应该认识到管理改善的关键在于：企业如何将外部领先的管理知识与企业内部最佳管理实践经验相融合，进而形成适用于企业特定情境的管理方案。

第 9 章

中国企业管理学习绩效的改善措施

9.1 企业层面的改善措施

企业作为管理学习的主体,应当充分发挥其学习主体的主观能动性,积极创造有助于企业开展管理学习、改善管理学习绩效的条件与环境。本节从企业层面出发,探讨企业开展管理学习实践以及改善管理学习绩效的具体措施。

9.1.1 建立企业与外部组织的管理知识联结

外部组织与机构是企业获得先进管理知识的重要来源。由于高等院校、研究机构等外部组织与机构都是科学知识的重要集聚地,大量的科研学者和教学工作者在上述组织与机构中从事专业性的知识研究和知识传播工作,因此,上述组织与机构能够帮助企业获取知识、理解知识以及消化知识。诸如,企业可以通过与高等院校合作办理针对企业管理人员的管理培训班、企业大学、产学研基地以及开发适用于企业业务特征的管理培训课程等,进而拓展企业的管理培训体系和先进知识的学习平台;高等院校以及科研院所能够为企业中高层管理人员提供进入高等院校参加高管培训、学习企业管理类课程的机会,帮助企业中高层管理人员从高等院校的学习平台上获得科学管理理论知识以及前沿管理知识,进而帮助企业提升管理人员的知识储备水平及管理水平。除了高等院校与科研院所之外,专业的咨询公司、其他培训机构也都担当着传播最佳管理实践的角色,它们是现阶段企业界诸多"管理时尚"

的提出者、传播者以及幕后推手。因此，企业也可以与咨询公司等机构建立战略联盟，进而借助咨询公司等机构在管理知识传播和应用中所承担的媒介作用，为企业获取先进管理知识提供更广泛的学习渠道。

构建管理类知识交流与学习的平台是企业积极塑造学习型组织的体现，企业通过知识交流与学习平台更易获得业内最佳管理实践。鉴于外部组织与机构是企业获取知识的重要来源，企业应当积极与外部组织与机构合作建立管理知识联结，进而拓展企业管理学习的平台。在管理学习平台的建设与维护方面，企业可以致力于以下两方面工作。

第一，企业可以通过提高高管团队在高等院校、研究院所、咨询与培训机构的兼职比例或是促成企业和机构与组织建立战略合作关系等方式拓展企业的管理知识交流平台，进而为企业从高管联结以及企业外部合作中获取最佳管理实践提供来源。首先，基于企业高管的外部联结网络是企业获取资金、业务、行业信息等外部资源的重要来源，而企业高管与高等院校等知识机构的联结则为企业获取与学习科学知识、最佳管理实践提供了可靠渠道。因此，企业应该重视高管的知识联结对企业管理学习与管理改善的重要价值，积极发挥高管知识联结在企业获取与引进最佳管理实践方面的作用。其次，组织之间的战略合作与联盟是合作双方实现知识流动的重要机制，诸如中外合资企业被诸多国家和企业看作学习先进知识的重要途径。企业应当积极促成其与外部知识机构的合作，为企业获取与引进外部最佳管理实践搭建学习平台，进而推动企业开展管理学习与实现管理改善。

第二，对于企业高管团队与高等院校、研究院所、咨询与培训机构等已建立的管理知识联结以及企业与外部组织机构已经形成的合作网络，企业应当做好学习网络与平台的维护与运行工作。企业可以从网络成员间知识交流的次数与质量两个维度加强网络成员之间的知识交流与互动，推动成员企业实现管理学习绩效的提升。首先，关于增加成员企业之间的知识交流次数方面，知识交流与互动的次数越多越有助于企业识别、理解与消化吸收新知识。因此，企业应该通过举办学习专题讲座、职业培训课程、搭建线上学习交流平台等方式，积极增加学习平台上成员企业或组织之间的交流、互动次数，进而加快学习平台上的知识溢出，推动企业改善管理学习绩效。其次，关于提升成员企业知识交流的质量方面，学习平台上成员企业以及组织与机构之间知识交流、互动的质量直接决定了企业的学习效果。因此，企业不能只关注学习平台上学习交流次数的增加，还应重视提升成员企业以及组织与机构之间的知识交流质量。诸如，企业可以通过建立面对面知识解答机制、理论结合实践的知识应用推广机制、基于问题解决的学习流程等方式，提升企业在学习平台上的知识交流与互动质量。

9.1.2　完善企业人力资源管理体系

企业的吸收能力是决定企业能否应用先进管理知识提升企业绩效的重要内部因子，企业从其丰富的管理知识联结中学习、引进管理知识，需要依赖企业所具备的吸收能力。因此，企业应当注重提升吸收能力，以促进企业对先进管理知识的引进、消化、吸收和应用，进而推动企业管理水平的提升。员工作为企业引进知识的重要接收者，其受教育程度、学习能力直接决定了企业整体吸收能力。鉴于此，企业可以从人力资源管理的维度提升员工以及企业的吸收能力，通过构建有效的招聘、选拔、提升、培训、考评等机制，提高企业全体员工的知识水平，以及提高企业整体对先进知识的认识、理解、消化和应用能力。具体而言，企业可以从以下三方面展开人力资源管理体系的建设。

第一，改善人才招聘机制，积极吸引国内外优秀的人才资源，提升企业整体的知识水平。招聘是企业从外部引进人才的重要方式，企业招聘流程的设计直接决定了其所招聘员工的质量。因此，通过优化招聘渠道、规范招聘流程等改善人才招聘机制，有助于企业提升所招聘员工的人才质量。首先，企业可以通过采取多种招聘渠道来改善人才招聘来源，诸如综合使用内部员工推荐、与猎头公司合作等多种途径开展招聘工作，以丰富人才招聘来源。其次，企业可以根据现阶段战略目标设定岗位需求以及岗位职责，并根据岗位特征设定相应的招聘流程，进而保证岗位设定与企业人才需求的一致性，最终提高人才与企业岗位的适配度。

第二，完善员工入职培训体系，强化入职培训对员工专业知识体系构建的作用。对于新员工（尤其是应届毕业生）来说，他们缺乏与企业相关的知识基础，而入职培训作为他们进入企业的第一课，对新员工专业知识体系的构建具有重要作用。因此，企业应该重视新员工入职培训体系的构建与完善，为新员工上好岗前第一课，帮助他们构建企业相关知识体系。具体来说，企业可以从入职培训课程的内容设计、入职培训课程学习资料的编制、入职培训课程的结课考核等方面改善入职培训体系，帮助新员工积累职业相关的专业知识基础，提高他们的学习能力，进而改善企业整体吸收能力，推动企业管理学习以及管理改善。

第三，构建基于激励机制的员工学习与深造培养体系，为学习型员工提供更广阔的能力提升平台。学习及深造机会对企业的学习型员工是非常重要的精神激励手段，有助于提高企业员工的知识水平与学习能力。因此，建立基于激励机制的员工学习、深造人才培养体系是人才培养与激励的重要途径，有助于改善企业内部员工的知识储备与能力提升，进而推动企业整体吸收能力的改善以及实现良好的管理学习绩效。

9.1.3 建设学习型组织

虽然政治联结是中国企业在制度不完善的体制下获取合法性的重要途径，但是中国企业管理学习的实践结果显示，政治联结减弱了企业通过提高管理水平解决问题的动力，使企业在管理学习与改善方面产生了惰性，进而不利于企业管理学习与管理的改善。通常来讲，合法性有利于企业在短期内获取资源、享受优惠政策、规避制度风险，但当企业所处的制度环境逐渐完善时，政治联结对制度的替代性就会减弱，那么基于政治联结所形成的合法性为企业带来的优势也会随之慢慢减少。因此，企业若想实现可持续发展，应当提前预防合法性所带来的惰性，重视管理能力的积累与培养，进而构建可持续的竞争优势。

鉴于学习型组织通常保持较高的学习积极性，能够有效降低员工的学习惰性，实现对合法性惰性的预防。因此，企业应当积极构建学习型组织，通过鼓励员工学习应对合法性惰性，为企业员工和各个部门营造良好的学习氛围。具体而言，企业建设学习型组织的主要方式有以下四种。

第一，积极打造企业内部学习平台，面向各类员工提供相应的专业化学习资源。诸如，面向新入职的员工、将要晋升的员工、各层的管理人员分别设置相对应的学习课程，组建由外部管理专家以及内部管理培训讲师组成的专家队伍，为员工提供体系化的管理知识课程和学习资源。

第二，定期举办专业知识竞赛，以此激发企业内部员工学习的积极性。举办知识与技能竞赛等，有助于企业巩固和检查员工所掌握的专业知识情况，提高员工学习的主动性和趣味性，形成学习型的组织文化，并提高组织活力。

第三，打造包容的创新环境，鼓励员工发现问题、解决问题和开展创新的行为。首先，鼓励创新、创造创新包容的环境，对提升员工创新性十分重要，这有助于激发员工的创新潜力，减少员工对创新失败的恐惧，进而形成对员工创新行为的鼓励。其次，设立相应的物质和精神奖励机制，鼓励员工引进与推广先进管理理念与技能。对在管理知识的应用和创新方面具有突出贡献的员工给予相应的物质奖励和精神奖励，努力提高组织成员的创新动力。

第四，建设企业内部的学习互助平台，鼓励各个部门的员工在平台上分享其实践经验，促进员工间的知识分享。"实践出真知"，员工从其企业实践中积累的实战经验是与企业业务密切相关的宝贵知识财富，是企业重要的无形资产，也是企业构建竞争优势的重要知识基础。因此，建立企业内部的学习互助平台，为企业员工进行知识交流提供便捷的工具与平台，这将有助于鼓励员工之间的知识分享行为，推动企业内部知识的积累与传承。

9.1.4 夯实企业现代化管理知识基础

具备相关的知识基础有利于企业理解、消化和吸收新知识，因此，企业应注重积累现代化管理知识，为其学习、引进最佳管理实践奠定知识基础。中国零售企业通过上市前的改制行动实现了现代化管理基础知识的初步积累，从而促进了其理解、消化和应用现代化管理知识的能力。鉴于此，企业应该积极开展具有战略价值的管理知识储备工作，为其管理学习与管理能力升级提供必要的知识基础。具体而言，企业可以从以下几方面推进现代化管理知识的积累。

第一，建设开放型组织，保持与外部知识渠道的互动与交流，积极了解与获取现代化管理知识。由于中国经济起步较晚，国内多数企业尚处于管理现代化转型阶段，国家相关部门（诸如各行业协会等）为推动企业管理现代化变革，长期组织出国考察、国内外企业研讨会、管理培训等管理学习活动，这为国内企业提供了难得的学习机会。因此，国内企业应保持开放的学习心态，积极参加国家组织的管理变革和管理现代化相关活动，及时了解与更新管理理念与最佳实践。另外，企业应该积极与国内外优秀企业或是高等院校等组织与机构合作建设学习网络，并通过学习网络保持对国内外最佳管理实践的关注与学习，以丰富其现代化管理知识的积累。

第二，在企业内部建立知识积累系统，将个人的现代化管理知识转为组织知识。随着员工工作岗位以及工作单位的变动，企业同时面临着人才流失与知识流失，这不利于企业竞争力的构建与维护。因此，将嵌入在员工个体的知识转化为组织知识，将有助于企业降低人才流失带来的知识流失，进而有助于企业实现内部知识的积累与传承。信息技术、大数据技术的出现为企业管理与存储知识提供了技术支持，企业可以通过搭建知识存储与分享系统实现组织知识的积累与共享。为了更好地实现组织知识的积累与传承，企业还应该从部门设置、人员安排、制度建设等维度为组织知识积累提供支持。

第三，加强现代化管理知识与企业最佳实践的融合创新，推动现代化管理知识在企业内部的应用与推广。只有当现代化管理知识在企业内部得到使用，才能认为企业真正引进了该类知识。因此，企业在引进新知识后，更重要的是将该类知识在企业内部推广与使用。引进新知识并不意味对企业过去实践经验的全盘否定。企业在其发展过程中也积累了宝贵的最佳实践经验，其中部分最佳实践经验成为企业文化的重要组成部分，它们甚至决定了企业所引进的新知识是否能够在企业内部建立合法性。因此，企业应该加强现代化管理知识与其最佳实践经验的融合创新，为新引进的现代化管理知识建立合法性，促进新知识在企业内部得到推广与使用。

9.2　国家层面的改善措施

由于中国依然处于由计划经济向市场经济转型的阶段，这意味着国家相关部门对经济发展、企业成长具有重要影响，诸如国家相关部门可以通过政策引导、鼓励或打击企业的某些行为。管理学习作为企业一项重要的战略，其制定、执行与反馈也深受国家层面相关因素的影响。因此，从国家层面来讨论改善企业管理学习绩效的途径是必要和可行的。

9.2.1 搭建有助于企业开展管理学习与交流的平台

随着数字化技术的推广与应用，企业的管理流程、管理工具与方法不断推陈出新，关注国际最佳管理实践成为许多企业构建以及保持竞争优势的关键。然而，现阶段企业培训市场上的管理培训质量层次不齐，准确识别及及时获取国际先进的管理理念与方法成为一件极具挑战的事情。因此，从国家层面来说，为企业提供开展管理学习与交流的可靠平台有助于解决企业所面临的"管理知识来源繁杂""管理培训质量参差不齐""管理学习绩效难以追踪"等难题。具体来说，国家可以从以下方面为企业搭建管理学习与交流的平台。

第一，基于现有的引智平台，进一步丰富管理专家的资源库建设。由中华人民共和国人力资源和社会保障部主导的引智项目是国内各个企事业单位引进海外高层次人才的重要通道，为国内各个企事业单位输送了大量的专家学者，这对于提高国内企事业单位的专业技能水平、竞争力做出了重大贡献。然而，现有引智平台的专家资源以技术领域的专家为主，管理领域的专家资源较为稀缺，这不利于鼓励国内企业开展管理学习实践。因此，基于现有的引智平台，国家应该进一步丰富管理专家的资源库，为国内企业引进外国专家提供管理专家资源。

第二，搭建以管理类知识转移为主题的国内外企业合作平台。国内外合资企业是国家为了推动国内企业获取与引进先进技术知识而促成的国内外企业合作形式，部分国内优秀企业通过合资形式实现了技术知识的积累与能力提升。现阶段，越来越多的国内企业进入后追赶阶段，其赶超国际领先企业的行动急需国际化的管理体系予以支持。因此，在推动技术合作的同时，国家应该为国内企业搭建有助于管理知识转移的合作平台，帮助国内管理水平落后的企业获取国际优秀企业的管理知识。

第三，拓展参观考察国际企业的学习通道。许多国内企业由于规模与资源有限，很难在短期内寻找到低成本的学习通道。以行业协会为主的相关机构，在相应的行业内不但拥有较高的号召力，而且扮演着行业内企业学习交流的推动者角色。因此，行业协会等机构应充分发挥其在行业内的作用，为行业内企业寻找更加广阔的外部学习网络资源，帮助国内企业与国际优秀企业建立互动交流机会，积极组织国内企业到国际领先企业所在地参观考察与学习。

第四，完善国内校企合作机制，推动基于校企合作的管理学习平台建设。近年来，国际化推动了国际管理咨询公司进入我国市场，这为国内企业带来了国际领先的管理知识，但是国际管理咨询公司提供的管理培训服务通常费用高昂，这对规模较小的国内本土企业来说成本过高。高校作为前沿知识的聚集地，其成熟的师资力量与培训模式是搭建国内管理学习平台的宝贵资源。因此，国家应该进一步完善国内校企合作机制，积极挖掘高等院校管理类的师资力量与知识储备，推动高等院校与企业合作开展管理知识引进与培训平台建设，为国内企业输出经济适用的管理培训服务。

9.2.2 建立有助于企业开展管理学习的激励机制

管理水平的提升虽然有助于企业获得可持续的成长与发展，但是由于其依赖于企业长期的管理学习行动，这种长周期的学习回报致使很多企业更加愿意将有限的资源优先投放在回报快且回报率高的技术学习与引进上，进而导致很多企业长期面临管理水平低下以至于企业的可持续发展受阻。为此，建立有助于企业开展管理学习的激励机制对推动国内企业的可持续发展以及国际竞争力尤为重要。具体而言，国家可以从以下几方面建立企业管理学习的激励机制。

第一，加大对企业管理学习与创新相关成果的宣传与推广，强化其示范效应。在中国每年召开的全国企业管理创新大会上，都会发布由中国企业联合会管理现代化工作委员会编著的国家级企业管理创新成果，这些成果反映了中国企业管理创新的最高水平，其中很多优秀成果在国内企业界发挥了重要的示范作用，对于带动国内企业改善管理水平起到推动作用。因此，国家应该进一步加大对获奖单位以及相关成果的宣传与推广，帮助获奖单位树立管理科学、规范的良好声誉。这么做，一方面有助于提高企业参与管理学习与创新成果评选的积极性，另一方面有助于强化优秀成果在国内其他企业的推广与应用。

第二，对获得国家级、省部级管理创新成果奖的企业，相关部门可以通过加大物质奖励力度提升企业以及企业高管积极投入管理学习与管理改善行动中。企业高管是影响企业战略制定与实施的重要影响因素，然而现有关于管理创新成果奖主要奖励对象是企业，这对企业高管的激励是有限的。考虑到企业高管个人在企业管理学习过程中将面临巨大的不确定性，对获得国家级、省部级管理创新成果奖的企业高管给予相应的物质奖励，将有助于激发企业高管带领企业开展管理学习的积极性。

第三，对参评国家级、省部级管理创新成果奖的企业，相关部门可以通过扩大物质奖励范围提升对企业管理学习行为的激励。由于管理学习与创新过程是一个成本高昂、历时较长的企业战略行为，因此，这对于许多企业来说（尤其是创业企业、中小规模企业）是一笔耗资巨大的支出型活动。物质奖励能够在一定程度上弥补企业在管理学习方面的开支，故有助于鼓励更多的企业积极投入管理学习与管理水平的改善行动中。鉴于此，国家相关部门可以在现有管理创新成果奖奖励办法基础上进一步设定分级奖励办法，将物质奖励的范围尽可能地扩大到更多企业之中，为致力于改善管理水平、积极开展管理学习的企业提供相应的奖励，以减轻企业管理学习成本的负担。

9.2.3 为企业开展管理学习提供人才资源的支持

人才资源是企业开展管理学习、改善管理水平的基础。由于中国经济发展较西方发达国家起步较晚，这导致许多中国企业的管理工具与方法滞后于国际领先企业，引进国际领先企业的最佳管理实践成为中国企业提升国际竞争力的关键。然而，由于国内相对缺少具有现代化管理经验的人才资源，这在一定程度上制约了中国企业的管理学习与管理水平改善活动。鉴于此，国家相关部门可以从以下几方面为国内企业提供开展管理学习所需的人才资源。

第一，引导高等院校培养方案建设工作，推进高等院校人才培养机制匹配企业通用型管理人才需求。高等院校是培养与输出人才的重要基地，高等院校培养方案设计决定了其人才培养的主要方向，决定了高等院校输出的人才是否与社会需求相匹配。国家应该从高等院校培养方案建设着手，通过调查企业对通用型管理人才的需求特征，设定与现阶段企业对管理人才需求匹配的培养方案与管理培训项目，充分发挥高等院校相关院所（诸如商学院、经济管理学院等）在管理人才培养方面的资源优势与平台优势，进而推动高等院校为企业开展管理学习、改善管理水平提供所需的管理人才。

第二，为校企合作成立人才培养基地提供支持性政策，满足企业对管理领域的定向人才需求。近年来，许多企业通过与高等院校合作成立相应的研究院为企业培养定向管理领域人才（诸如阿里巴巴与杭州师范大学合作成立阿里巴巴商学院），但是这些人才培养基地主要聚焦于技术类人才的培养，关于企业所需的管理人才培养基地还未受到企业与高校的重视。鉴于此，国家相关部门应出台有助于推动高等院校与企业在管理类人才培养基地建设方面的政策措施，促进高等院校与企业建立校企管理人才培养领域的合作机制，引导校企合作建立管理类人才培养基地。

第三，完善国际化管理类人才培养机制，改善国际化人才输出水平。随着各行各业国际化进程的推进，企业界急需国际化人才资源的供给。由于海外人才归国就业总量相对国内企业对国际化人才的需求存在较大缺口，国家可以借助高等院校、企业大学等教学与科研院所开展国际化管理类人才培训项目。具体而言，可以通过完善高等院校以及企业大学等国际化人才培养机制，优化国际化教育资源的配置，逐步提升国际化人才培养的数量与质量，为国内企业的国际化发展输出可靠的国际化人才资源。

第四，出台国际化人才引进的利好政策，吸引国际化管理类人才回国就业。薪酬待遇、一线城市的户口及企事业单位编制等都是可以作为吸引国际人才回国就业的重要条件。针对回国就业的国际化管理类人才，国家相关部门可以从薪酬待遇、户口指标、工作编制及子女上学等方面出台相关人才引进政策。通过为国际化管理类人才归国就业提供良好的居住与工作环境，吸引具有国际化经验的管理类人才归国，进而为国内企业开展管理学习以及管理改善实践输出优质的国际化管理类人才资源。

9.2.4 为企业开展管理学习提供资金支持

企业开展管理学习涉及出国参观考察、引进国际管理知识、国内外员工培训等高成本活动，这对于很多企业（尤其是小微企业）来说是一项历时长、成本高、不确定性高的企业实践，需要依赖企业雄厚的资金实力。因此，为企业提供充裕的资金支持能够帮助企业降低资金成本，进而有助于鼓励企业积极开展管理学习以及管理改善工作。具体而言，国家相关部门可以从以下四方面为企业开展管理学习提供资金支持。

第一，设立中小微企业管理培训专项资金，用以支持中小微企业开展管理学习与管理类人才引进工作。由国家相关部门出台中小微企业管理培训专项资金管理办法，设立年度管理培训项目，通过公开、透明的评选程序为符合条件的中小微企业提供管理培训项目经费支持，进而向致力于开展管理学习与管理改善工作的中小微企业输出资金资源，缓解中小微企业管理学习成本高昂的困境。

第二，完善中小微企业融资渠道，为中小微企业开展管理学习与引进工作提供便捷的信贷服务。融资难是中国众多中小微企业普遍面临的发展困境，这也是阻碍中小微企业开展管理学习与引进工作的主要障碍。相关部门与机构应积极设计面向中小微企业管理学习的信贷服务产品，为有潜力的中小微企业提供便捷的信贷服务，进而缓解中小微企业资金匮乏的难题。

第三，建立中小微企业管理学习经费补贴机制，为中小微企业开展管理学习提供配套经费补贴。为积极开展管理学习与引进工作的中小微企业提供经费补贴，形成"企业主导，政府辅助"的管理学习经费分摊机制，由国家承担部分企业管理学习经费支出，为中小微企业开展管理学习提供一定的经费支持。

第四，设立中小微企业管理现代化奖励资金，为取得较好管理现代化成果的中小微企业提供物质奖励。管理学习以及管理改善工作取得显著成果的中小微企业，通过提供一定的物质奖励对其管理学习与引进工作给予资金支持。现有关于管理现代化成果的奖励机制主要针对取得显著成果的企业，该类企业通常是资金实力雄厚的大规模企业，而资金稀缺的中小微企业缺乏相应的资金支持。因此，设立中小微企业管理现代化奖励资金，将有助于中小微企业缓解其所面临的资金困境。

9.3 总结与讨论

本章围绕"如何改善企业管理学习绩效"这一问题，具体从企业层面和国家层面阐释了改善管理学习绩效的措施。

首先，从企业层面来看，企业作为管理学习实践的主体，其必须充分发挥企业学习的主动性。管理学习是企业一项重要且复杂的战略活动，涉及内部员工、组织架构及管理流程等多方面因素。面对复杂的战略活动，企业能够通过组织、计划及管理等工作提高战略的制定与执行效率。因此，企业可以通过采取相应的措施来改善企业管理学习的获取途径、吸收能力、应用水平等，进而获取良好的管理学习绩效。具体而言，企业改善管理学习绩效的措施包括以下四个方面：加强企业与高等院校、科研院所及咨询公司等组织与机构的合作；完善企业内部人力资源管理体系；将企业建设为学习型组织；加强企业在现代化管理知识领域的积累。通过实施上述措施，能够从管理学习的渠道、管理学习过程及组织基础等方面，为企业改善管理学习绩效提供支持。

其次，从国家层面来看，管理学习有助于一个国家实现经济转型、改善经济增长方式，而国家决定了企业开展管理学习的外部环境。政府在国家（尤其是发展中国家）资源配置方面占据独特的话语权，以及政府出台的法律法规所构成的制度环境直接影响企业的经营活动，这些都将影响企业管理学习的行动与决策。现阶段，中国正处于从计划经济向市场经济转型的时期，该背景下企业通过管理学习引进来源于西方发达国家市场经济体制下的管理理念、管理手段与管理工具，将面临缺乏现代化管理知识应用所需的法律法规环境以及市场环境。鉴于国家相关部门在转型经济阶段的特殊作用，国家相关部门可以为国内企业开展管理学习塑造良好的制度环境并提供政策与资源支持。具体而言，国家可以从以下四个方面为企业开展管理学习提供支持与帮助：积极为国内企业开展管理学习搭建学习平台；构建有助于鼓励企业开展管理学习的激励机制；通过影响高等院校学科建设、人才培养方案设定等为企业开展管理学习培养所需的人才资源；通过设立管理学习与创新方面的专项基金等方式为企业提供开展管理学习所需的资金支持等。

最后，管理学习是一项系统工程，涉及管理理念、管理手段、管理工具及国家与地方经济体制等多方面的转换与升级，因此管理学习的实施需要企业与国家或地方政府机构的协同共进。任何一个企业开展管理学习实践都离不开国家制度环境的支持，任何一个国家的经济转型与发展也离不开其国内企业的管理学习与创新。试图通过开展管理学习改善企业经营管理水平及地区经济增长方式的企业或是地区，都应该重视企业与当地政府之间在管理学习方面的力量整合以及权责分工，从企业内部组织基础及外部制度环境，同时推进管理知识的引进、消化吸收及应用。为实现国家或地区经济增长方式的转变，政府部门还应做好有关管理学习实践的推广工作，诸如通过举办管理学习与创新企业评选活动对取得优异管理学习成绩的企业经验进行宣传和推广，进而带动更多企业采纳最佳管理实践，最终实现国家或地区整体实现管理方式的转型升级与经济增长方式的转变。

第 10 章

中国企业管理学习的现状与未来展望

10.1　中国企业管理学习的现状

现阶段,管理学习已经成为诸多中国国内企业改善管理水平的重要途径,并受到越来越多的企业和学术界的关注。本书聚焦于中国零售企业的管理学习实践,围绕中国零售企业管理学习的主要模式、管理学习阶段、管理学习的主要影响因素及管理学习绩效等进行了详细的阐述与分析,并总结得到中国零售企业管理学习的主要经验。基于本书各章对管理学习进行的阐述与讨论,本章梳理中国零售企业管理学习实践的主要特征。

10.1.1　主要学习模式特征

本书在第 4 章与第 8 章重点阐述了中国家电零售企业苏宁的管理学习实践,详细介绍了苏宁开展管理学习的主要阶段以及管理学习过程中所采纳的管理学习模式和标准化战略。首先,苏宁开展管理学习的过程可以划分为三个阶段:知识的导入期、模仿期、深化和创新期;其次,通过上述三个阶段的管理学习,苏宁通过管理知识的积累逐步实现从与标杆企业"形似发展"到与标杆企业"神似"。现阶段,中国企业开展管理学习的模式主要体现出以下三个特征。

第一,管理学习的模式具有多元化特征。随着企业管理学习阶段的演化,企业开展管理学习的模式相应地呈现出"看中学""用中学""开发中学"三种学习模式,并且每一种模式对应不同的学习目标、学习内容和学习机制,它们在企业管理学习的不同阶段发挥着重要作用。在三种管理学习模式中，"看中学"通常是处于管理学习导入期企业的主要选择，企业通过参观考察优秀企业（诸如国际领先企业）而形成对先进管理知识的初步了解与认识，进而为企业做出具体的采纳决策提供依据；"用中学"通常是处于管理学习模仿期企业的主要选择，该种管理学习模式有助于企业快速引入企业界最佳管理实践，进而将外界最佳管理实践应用于企业内部管理活动之中；"开发中学"通常是处于管理学习深化和创新期企业的主要选择，该种管理学习模式有助于企业结合其自身特征对所引进的管理知识进行融合创新，进而形成适用企业实际情况的管理工具与技巧。

第二，管理学习模式下的学习机制具有差异化特征。鉴于三种管理学习模式下企业的学习目标、学习内容不同，企业所采用的学习机制具有差异化特征。"看中学"模式，企业只需要投入较少的学习资源就能够实现对先进管理知识的了解与认识，诸如企业在参加国家相关机构与组织的出国考察、学习交流活动时，多数企业采用低成本的非正式学习机制开展管理学习；"用中学"和"开发中学"两种管理学习模式，企业需要投入更多的资源及采用更加正式的学习机制来开展管理学习活动，诸如聘请专业的管理咨询公司、与供应商建立正式的学习合作关系、成立企业大学、开展企业内外部管理培训项目等。

第三，管理学习实践的主体与客体具有标准化特征。随着企业管理学习阶段的演进，企业通过引进管理方法、管理工具及管理技能等推动了企业管理主体与管理客体实现标准化，而管理主体与客体的标准化结果进一步改善了企业管理学习绩效。标准化作为企业管理学习的实施战略与工具，有助于企业将其所引进的管理知识例行化及规范化，进而推动最佳管理实践在企业内部迅速传播、扩散以及应用。鉴于此，在企业开展管理学习的过程中，企业通常采纳标准化战略改善企业管理主体与管理客体的标准化程度，进而帮助企业提高管理学习绩效。

10.1.2 主要影响因素特征

本书在第5章详细解析了中国五家零售企业的管理学习实践，并结合战略管理领域的基础理论阐释了影响企业开展管理学习的多维因素。现阶段，影响中国企业开展管理学习的主要因素具有以下基本特征。

第一，影响因素具有多层次性特征。根据战略管理领域的基础理论，企业战略决策的制定与实施是一个非常复杂的过程，该过程受到来自企业外部环境、企业内部环境及管理知识层面等多重因素的影响。管理学习作为企业改善管理落后、提升管理水平的重要战略决策，该战略的制定与实施受到来自企业内外部多维因素的影响，这种多层次的影响因素增加了企业开展管理学习实践的难度。具体而言，影响中国企业管理学习的主要因素体现在四个层面上：外部环境层面、内部组织层面、技术层面和管理知识层面。

第二，影响因素的作用效果具有差异化特征。不同层面因素对企业管理学习的具体影响不同。根据各因素对中国企业管理学习过程影响的差异，可以进一步将环境层面的因子、组织层面的因子和技术层面的因子区分为驱动性因子、响应性因子和制约性因子三大类。其中，驱动性因子是指那些促成企业开始实施管理学习活动的主要因素，主要包括国家或地区的经济情况、国家的政策环境、市场竞争状况及企业的战略目标等；响应性因子是指促成企业响应外部竞争压力的关键因素，主要包括组织层面的企业现代化经验积累、管理知识联结、政治联结、知识管理体系、组织结构，上述因素对企业管理学习决策的具体影响程度因企业而异；制约性因子是指那些阻碍企业管理学习决策制定与实施的主要因素，该类因素主要包括基础设施落后、企业自身的制度惯性及组织印记等，上述因素是企业需要极力克服的主要障碍。另外，知识因子也是影响企业管理学习的重要因素，知识因子依其属性差异可以进一步区分为显性因子和隐性因子两类，前者容易实现知识转移，而后者难以在企业或组织间实现转移。

第三，各因素对企业管理学习实践的影响最终体现在合法性和企业竞争优势差异两个方面。中国零售企业开展管理学习的实践经验表明，各个层面的因子影响企业存在的合法性及企业的竞争优势，进而影响企业的管理学习过程与绩效。现阶段，驱动性因子为中国本土企业引进国外先进管理理念提供了合法化的政策环境、行业环境、经济环境及企业内部运营环境，进而有助于企业建立合法性；制约性因子显示出现有环境和企业内部依然存在着一些不利于现代化管理知识合法化的因素，该类影响因子对企业管理学习的过程存在抑制作用；响应性因子主要来自企业层面，该类因子受控于企业自身并且有助于企业构建和维持竞争力；知识因子的属性则决定了企业学习管理知识的最佳路径和资源需求，并且关系到企业竞争力的形成与维持。其中，对于显性管理知识来说，企业通过参观、考察以及与咨询公司合作等就能够获取与理解该方面的知识；但对于隐性管理知识来说，该类知识是构成企业竞争力的重要组成部分，企业需要通过开展更加深入的学习才能掌握，诸如通过构建内部培训体系、派出员工培训等方式开展系统性学习。

10.1.3　管理学习绩效特征

本书第 6 章通过应用调研访谈、曼奎斯特生产率指数法等研究方法，分别从行业层面和企业层面对管理学习绩效进行了梳理。中国零售行业及零售业上市公司的管理学习实践显示，该行业和企业的管理学习绩效具有以下三点基本特征。

第一，行业和企业层面的管理学习绩效都非常显著。首先，从行业层面来看，通过学习引进国际先进的零售理念、技术与方法，中国零售行业整体上在零售业态、信息技术、管理理念上都实现了从传统零售模式到现代化零售模式的转化，并展现出较好的管理学习绩效，具体表现为零售业态的多样化创新、信息技术应用水平提高、管理理念与时俱进等。其次，从企业层面来看，中国零售业上市公司通过积极引进、应用并创新零售业管理工具、管理手段等，实现了公司层面的管理改善与管理能力提升。最后，中国零售业上市公司的曼奎斯特生产率指数测算结果也显示出，管理学习所引致的管理改善和管理能力提升逐渐成为中国零售业上市公司提高全要素生产率的关键。因此，中国零售业管理学习绩效取得了从企业个体到行业整体的改善，该学习成效是广大零售企业及零售行业协会、国家相关政府机构共同努力的结果。

第二，从全要素生产率变化趋势来看，中国零售业上市公司的全要素生产率呈上升趋势，但是曼奎斯特生产率指数的不同分解值呈现出不同的变化趋势。首先，中国零售业上市公司的全要素生产率的增长主要来源于技术变化指数的增长，这显示出技术进步对现代零售业具有重要影响，同时该趋势与中国零售企业近年来所经历的信息技术水平变化是高度一致的。近年来，信息技术飞速发展推动了中国零售企业从传统零售模式向现代化零售业转型，诸如电子商务的出现改变了传统零售企业线下渠道管理模式、商品陈列管理、绩效激励措施等。其次，技术效率整体是恶化的，但是其中的纯技术效率变化呈总体上升趋势，该趋势显示出中国零售业上市公司管理水平具有持续改善的趋势。技术效率的测算结果显示，中国零售业上市公司技术效率值逐年降低，并对中国零售业上市公司全要素生产率的提升造成负面影响；同时，中国零售业上市公司的纯技术效率值不断上升，该值表明中国零售业上市公司的管理学习绩效得到改善。

第三，从区域分布来看，管理水平的改善是推动中国各个地区零售行业全要素生产率增长的主要动因，但是不同区域的零售企业的管理学习绩效的具体表现具有差异性。按照地理位置将中国分为东部、中部和西部三个大区域，调研结果显示三个区域在整体上都展现出管理水平不断提升，但是东部地区和中部地区的全要素生产率的增长速度呈逐渐上升趋势，而西部地区的全要素生产率呈现出逐渐下降的趋势。针对各个地区所呈现的全要素生产率分解值的特征，各个地区的改善重点具有如下特征：首先，对于东部地区和西部地区来说，这两个地区的企业可以从改善规模效率方面入手来改善企业的全要素生产率；其次，对于中部地区来说，该地区的企业可以从改善技术方面来改善企业的全要素生产率，具体措施包括引进领先技术或对已有技术进行升级改造。

10.1.4 关键要素的影响机制特征

本书第7章对影响管理学习的四大要素进行了实证检验。具体而言，基于中国零售行业上市公司的公开数据资料，第7章对影响中国零售企业管理学习的管理知识联结、政治联结、知识基础以及吸收能力四大要素的作用机制进行了实证检验。实证检验的结果表明，四大关键要素作用中国零售企业管理学习绩效的机制具有以下特征。

第一，管理知识联结是企业获取先进管理知识的重要来源。中国零售企业的实践显示，企业高管通常会在高等院校、研究机构、咨询机构等知识聚集机构兼职，他们因此所形成的管理知识联结是企业的一项重要资源。该类资源对于企业引进、吸收和应用先进的管理理念、管理工具、管理技巧具有积极作用，对企业管理能力的提升具有正向推动作用。因此，考虑到管理知识联结在管理学习中的重要价值，企业应该注重建立及维护企业的管理知识联结，为企业改善管理提供知识来源。

第二，吸收能力有助于改善管理知识联结与企业管理学习绩效之间的关系。中国零售企业实践显示，吸收能力是企业学习与引进新管理知识的重要影响因素，对企业的管理知识联结与学习绩效之间的关系起到正向调节作用，即具有较高吸收能力的企业更容易从企业的各类管理知识联结中获取与吸收新知识。因此，在管理学习过程中，企业应该注重提升其吸收能力，进而改善企业管理学习的效果。具体而言，企业可以通过改善其管理知识基础、增加学习与创新方面的投入等提高企业整体吸收能力，进而改善管理学习绩效。

第三，政治联结是企业重要的政治资源，但其不利于企业管理改善与管理水平的提升。中国零售企业的实践显示，企业高管所构建的政治联结对企业的长期发展具有负面影响。具体而言，政治联结的负面影响主要体现在以下两个方面：首先，在有限资源的情况下，企业的政治联结挤占了企业用于管理学习的资源，进而导致企业的管理改善与管理水平提升行动缺少有效资源的支撑；其次，企业的政治联结有助于企业形成合法性地位，但这同时降低了企业通过管理学习提高资源获取能力的动力，进而不利于企业管理学习的开展，致使企业产生了"合法性惰性"。因此，企业应该全面认识到这一社会资本对企业的作用机制，在提高合法性的同时提防合法性惰性的产生。

第四，现代化管理知识基础对企业改善管理和提升管理水平具有积极作用。中国零售企业的实践经验显示，与现代化管理知识相似的知识基础有利于企业对新管理理念的理解、消化和吸收，因此，企业应该重视上市前关于组织结构、业务、管理体系、规章制度等方面的管理现代化变革行动，强化这些管理变革对企业后期引进与应用现代化管理手段的重要作用。

10.2　中国企业管理学习实践的未来展望

结合中国零售企业管理学习实践的现状，本节详细阐释中国企业在管理学习实践活动方面可能的发展趋势，下面主要从五个方面进行阐述。

10.2.1　更加看重管理知识联结的构建与维护

由于高等院校、研究机构及咨询机构等是现代化管理知识的重要聚集地，也是广大企业最佳管理实践的重要来源，因此，企业的高管在高等院校、研究机构及咨询机构等管理知识聚集机构兼职逐渐成为一种普遍现象。近年来，高管通过兼职所构建的管理知识联结被越来越多的企业作为其开展管理学习实践的重要方式之一。在管理知识联结方面，企业展现出以下三种发展趋势。

第一，构建与管理知识机构的网络联结将成为企业对外网络联结的重要内容。与企业的政治联结相类似，高管在高等院校、研究机构及咨询机构等兼职是企业构建管理知识联结的重要途径。研究结果显示，管理知识联结是企业重要的管理资源，在企业获取、理解、消化和吸收先进管理理念方面具有重要的积极作用，因此，越来越多的企业开始投入资源建立广泛的管理知识联结。在企业实践中，各行的企业都开始关注自身与各类管理知识机构的互动与联结，诸如企业通过校企合作项目搭建的创新平台、设立的校内高管培训班、开展的校外管理培训项目等。企业通过上述管理知识联结能够获取先进的管理知识，进而有助于企业改善管理水平。

第二，维护已有的管理知识联结成为企业管理对外网络关系的重要内容。本书通过案例研究和大样本实证检验方法证实了管理知识联结对企业管理能力构建及企业绩效的重要性，因此企业不仅要积极构建管理知识联结，还需要投入相应的资源来维护现有的管理知识联结。现阶段，越来越多的企业开始关注如何维护已有的管理知识联结，诸如企业通过增加与高等学校、研究机构及咨询机构等管理知识机构的互动频率和互动质量，不断强化已有的管理知识联结。稳定、可靠的管理知识联结有助于企业与外部知识机构之间形成信任，进而有助于企业更好地通过其管理知识联结获取外界知识，以及降低知识获取的沟通成本，最终推动企业改善管理学习绩效。

第三，大型企业管理知识联结的国际化程度逐渐提高。管理知识联结作为企业获取现代化管理知识的重要途径，其国际化程度也在一定程度上反映了不同企业在管理知识联结方面的资源投入差异。观察企业的管理学习实践可知，对于资源丰富、实力雄厚的大规模企业来说，它们更加愿意投入资源与国际管理知识机构建立学习网络，诸如华为、上汽、国美、苏宁等更加愿意与国际管理咨询公司、国际知名院校等建立管理知识联结；对于资源相对有限的中小型企业来说，它们通常更加看重与国内高等院校、研究院所及管理咨询公司等建立合作关系。国际化的管理知识联结是企业获取国际领先管理知识的重要渠道，该类管理知识联结有助于企业快速获取国际前沿管理理念、管理方法与管理流程方面的知识。国内本土化的管理知识联结是企业以较低成本获取现代化管理知识的重要桥梁，该类管理知识联结有助于企业获取本土化的管理理念、管理方法与管理流程。

10.2.2 关注平衡合法性和政治资源诅咒的影响

企业未来将同时关注政治联结为企业发展带来的积极影响与消极影响。首先，企业将持续重视政治联结为企业带来的合法性优势。政治联结作为企业重要的政治资源，有助于企业及时获取政策信息，进而有助于企业更好地获取稀缺资源及相关利好政策的支持。政治联结一直被认为是企业重要的资源，尤其是在制度不完善的国家或地区发挥着重要作用。企业通过构建政治联结能够推进企业的合法化进程，进而降低企业发展中可能遇到的一些政治障碍。其次，注重可持续发展的企业将重视学习对企业竞争力的重要性。政治联结引致的合法性会降低企业管理改善的动力，即导致企业产生管理学习惰性。诸如，中国零售企业在国家或地方层面基本上都构建了一定的政治联结，为其在全国范围内实施扩张奠定了合法性的基础。但是过多的政治资源给企业管理学习造成了负面影响，即企业因具有合法性优势而产生了学习惰性，本书将该类现象称为政治资源诅咒。合法性虽然是企业生存的重要条件，但企业还需要考虑合法性所带来的管理学习惰性，因此，寻求合法性与政治资源诅咒之间的平衡点是企业实现可持续发展的关键。

中国作为新兴经济体的代表，其本身正处于转型时期，这意味着中国企业在目前以及未来很长一段时间内都将面临动态变化的政治、经济、社会制度环境。一方面，中国企业需要建立政治联结以获取资源与合法性，它们需要通过积累一定的政治资源来保障其生存与发展所需的合法性；另一方面，经济全球化迫使中国企业面临激烈的全球竞争对手，致使中国企业需要通过管理学习提升其应对外部环境变动和激烈竞争的内在能力，进而为其实现可持续发展提供可靠保障。因此，中国企业将加大对管理学习实践的投入，更加关注通过管理学习改善其内部管理能力，降低政治联结给企业带来的学习惰性及其对企业可持续发展的负面影响。

10.2.3　影响企业管理学习的因素更加复杂

企业开展管理学习是一个受到多维因素影响的日益复杂的过程，具体体现在以下三个方面。

第一，影响因素更加丰富。本书在分析影响企业管理学习的因素时，指出影响中国企业管理学习的因素包含来自宏观环境、中观环境、制度环境、企业内部环境及知识属性方面的因素。随着经济全球化进程的加快，企业将面临更加复杂的国内外环境，这将导致企业战略决策受到更多因素的影响。

第二，影响因素更加多变。伴随着经济全球化及新兴技术快速发展等趋势，企业将处于一个动态性不断增强的政治、经济、社会、文化及技术等外部环境之中，而这必将促使企业的内部环境（诸如管理手段、管理主体及客体等）也发生变化，进而致使企业学习、引入外部管理知识的战略决策处在一个高度动态变化的内外部环境中，面临更加多变的内外部影响因素。

第三，影响因素对管理学习的作用更加难以预测。本书将影响中国企业管理学习的各维度因素依照其作用效果分为驱动性因子、制约性因子、响应性因子，然而随着企业所处内外部环境的变化，这些因素的具体作用机制也会随着变化。因此，来自内外部环境的各类因素对企业管理学习过程的影响将更加难以预测，这就要求企业必须建立相应的动态能力。

在引进与应用先进管理知识时，企业应该充分考虑各类影响因素的复杂性并建立相应的管理学习机制。首先，企业在学习初期需要对其所处的内外部环境及知识因子进行分析，识别企业管理学习中可能遇到的制约因素，提前建立预警机制；其次，尽早识别企业内外部环境中的驱动性因子，及时捕捉管理学习的机遇；再次，当企业正处于管理学习实施阶段时，企业可以通过优化资源配置调动相关的响应性因子，以配合企业管理学习实践的实施；最后，识别企业管理学习的内容属性，区别对待显性管理知识和隐性管理知识，根据管理知识的属性建立相应的管理学习策略。

10.2.4 采用多样化的管理学习模式

企业管理学习内容的知识属性不同，以及企业在各个学习阶段的学习目标不同，导致企业在管理学习中倾向于采用多样化的管理学习模式，具体体现为以下两点。

第一，针对不同管理知识属性，企业采用不同的管理学习模式。本书在探讨管理知识因素对企业管理学习过程的影响时发现，显性知识比隐性知识更容易被企业获取、消化、吸收及应用。当企业学习引进以显性特征为主的管理知识时，企业通常采用非正式的学习机制。随着企业学习内容转为以隐性管理知识为主时，企业通常采用正式的学习机制。随着信息技术等新兴技术的应用，管理知识的显隐性特征也会发生变化，诸如越来越多的隐性知识因嵌入在信息系统中而变得容易转移。因此，在新兴技术飞速发展的今天，企业更加需要采用多样化的管理学习模式来满足企业对不同属性管理知识的学习需求。

第二，针对不同管理学习目标，企业采用不同的管理学习模式。由于企业的管理学习往往是一个由浅入深的过程，即企业学习的内容逐渐由浅表性、可以观察到的知识转移到难以获取和理解的内涵式的知识。那么，企业在管理学习各个阶段所设立的学习目标也是不同的。在管理学习的初期，企业的学习目标通常是获取关于管理知识（最佳管理实践）的初步信息以为企业选择管理学习内容提供支持；在管理学习的中后期，企业的学习目标通常是引进、消化吸收以及应用管理知识。因此，针对不同阶段的管理学习目标，企业需要采用差异化的管理学习模式。诸如，在管理学习的初期，企业可以通过采用参观、考察等非正式学习机制对行业中的管理知识进行对比研究；在管理学习的中后期，企业可以通过采用管理培训等更加正式的管理学习机制来引进管理知识。

10.2.5 管理学习趋向标准化

随着信息技术等新兴技术的快速发展，信息化管理、数字化管理及智能化管理等逐渐成为行业流行的新兴管理模式，这些新兴管理模式提高了管理的标准化程度，有助于企业通过管理学习获取行业最佳管理方法与技巧。因此，企业的管理学习将以标准化为主要特征。企业管理学习的标准化具体体现在以下三点。

第一，管理知识在信息系统的嵌入程度加深。随着信息技术的推广，企业将采纳更多以信息化管理为特征的管理模式，这些管理信息系统是最佳管理实践的集合，能够帮助企业快速引入最佳管理实践。随着管理知识嵌入信息系统之中，管理知识的标准化程度逐渐提高，这使得最佳实践更容易在企业之间实现转移。在当今数字化时代，越来越多的信息以数字为载体嵌入在各类信息技术主导的信息系统之中，这推动了企业管理学习标准化的进程。

第二，管理学习内容以流程化管理为主。随着经济全球化，企业面临的竞争愈加激烈，这致使企业必须提高管理的效率。将企业管理实践流程化是企业提高管理效率的重要方式，许多成功的企业将内外部最佳管理实践转变为规范的管理流程，有效提高了员工工作效率。通过将最佳管理实践流程化，基层管理人员及中高层管理者能够通过专业化管理培训快速掌握流程化管理的相关知识，快速运用流程化管理方法组织相关工作。

第三，管理学习的过程逐渐标准化。随着管理培训行业发展日趋成熟，提供管理培训的组织与机构将进一步优化其管理培训服务，它们通过为企业提供更加标准化的管理培训课程来帮助企业提高管理学习绩效。现阶段，管理咨询公司、高等院校及研究机构、企业内部培训部门等组织与机构已经形成相对规范的管理培训流程，它们通常以项目小组的组织形成进驻客户企业，并依照"问题诊断—专家讨论—提出解决方案—小范围试用及效果反馈—持续优化与推广"的流程为客户企业提供管理培训服务。

10.3　本书贡献与未来研究趋势

10.3.1　主要创新点

1. 拓展并深化了管理学习领域的研究

企业学习领域的研究表明，学习是企业提高能力的关键途径，是后发企业进行能力升级与追赶领先企业的重要途径。从企业学习内容的属性来看，企业的学习内容分为对技术知识的学习和对管理知识的学习。在能力追赶过程中，企业因为容易识别技术学习与能力追赶的直接关系，进而将更多的企业资源配置在开展技术学习的活动上；由于管理知识与企业绩效之间的关系不太容易被企业识别，因此企业容易忽视管理学习对企业能力升级及追赶领先企业的作用。长期以来，技术学习一直是学术界对企业学习领域研究的重点内容。经过持续的学术研究积累，技术学习领域已经取得了丰硕的研究成果，该领域研究成果主要涉及以下议题：技术学习的机制、技术学习的影响因素、技术学习的主要途径、技术学习与企业绩效之间的关系。相对于技术学习领域的研究，管理学习领域的研究目前还处于探索的初级阶段。关于管理学习的学术研究，已有研究成果主要集中在 20 世纪 90 年代，该领域研究的焦点主要涉及以下议题：管理学习的概念、管理学习的分类、管理学习的内容、管理学习的影响因素。管理学习领域的研究成果主要以现象描述为主，尚缺乏通过深入分析和采纳规范研究方法得出研究成果。随着管理能力在企业构建竞争优势中的地位愈加重要，技术学习领域研究成果"一枝独秀"的现象，将不利于企业实现能力全面发展及赶超领先企业。

与技术学习相比，管理学习虽然是企业构建和改善其管理能力的重要途径，但该领域的研究成果十分有限，进而难以为企业开展管理学习提供借鉴与指导。管理能力作为当今企业核心竞争力的重要组成部分，其形成离不开管理知识的积累，而管理学习是企业获取管理知识的重要途径。与管理学习的重要性相悖，管理学习目前尚没有得到学术界足够的重视。鉴于此，本书所关注的中国企业管理学习实践是对企业学习领域已有研究的拓展，本书详细阐释了中国零售企业管理学习维度的实践经验，各章的讨论与总结有助于为企业平衡技术学习和管理学习以及实现企业整体能力升级提供理论指导。因此，本书拓展并深化了企业管理学习领域的研究。

2. 结合经济学研究方法，探索了管理学习绩效的测量方法

企业是一个投入产出系统，学术界已有诸多学者应用投入产出指标测算制造业企业的生产效率，但关于零售业企业经营效率的研究与分析仍然十分少见。零售企业经营效率的变化存在诸多来源，可能来源于技术的进步、管理水平的提升及硬件设施的更新等。对于中国零售业企业而言，企业经营效率的提升与外国先进零售知识的溢出效应息息相关。虽然全要素生产率的测算技术已经较为成熟，但鲜有研究借助全要素生产率测算企业管理学习绩效。鉴于此，本书结合生产率测算的方法，选取全要素生产率分解值中的纯技术进步指数变化值作为衡量中国零售企业管理学习绩效的指标，该方法是一次对测算企业管理学习绩效的尝试，这为学术界开展管理学习领域的定量研究提供了参考。

3. 扩充了管理联结的维度

在管理学研究领域的现有文献中，研究者根据高管团队的兼职情况或高管团队所建立的私人关系网络，将企业的管理联结划分为政治联结和商业联结两种类型。本书进一步将企业通过高管建立的联结区分为管理知识联结和政治联结两种，并指出这两种联结对企业管理学习具有重要作用。对于现有文献中关于高管联结的研究而言，本书增加了对高管在科研院所、咨询培训机构方面所建立联结情况的统计。鉴于企业高管在科研院所、咨询培训机构方面的联结主要与现代化管理知识相关，本书将该类联结定义为企业的管理知识联结。本书关于管理知识联结的界定是对现有高管联结维度的有益扩展，有助于学术界和企业界从知识传递、企业学习的角度思考企业高管的外部联结网络。另外，本书采用大样本计量分析的研究方法进一步对企业管理知识联结与企业管理学习绩效之间的关系进行了实证检验。

4. 对政治联结进行了分级测量

对于企业所建立的政治联结而言，本书从政治联结的层级入手，进一步将企业的政治联结分解为国家级政治联结和地方级政治联结。在以往关于企业政治联结的研究成果中，鲜有学者从国家和地方两个层面对企业的政治联结同时进行测量。为了进一步了解国家层面和地方层面的政治联结对企业管理学习绩效的影响，本书对中国零售业上市公司的政治联结进行了分级测量和实证检验，并详细阐述了两个层面的政治联结对企业管理学习的负面影响，解析了企业管理学习惰性的来源。

鉴于上述分析，本书与以往研究中将企业政治联结作为一个整体性指数进行测量的方式不同，本书对企业所建立的政治联结进行了维度拓展，这种测量方式进一步丰富了企业高管政治联结领域的研究成果。

5. 提出了合法性惰性的概念

制度领域的现有研究表明，企业通过构建政治联结能够获得合法性地位，进而有助于企业提高其在社会、市场中的认可度。但与以往有关合法性的研究不同，本书从政治资源诅咒的视角探讨了政治联结对企业管理学习的消极影响，并进一步详细阐述了合法性惰性的概念与来源。中国零售企业管理学习实践经验显示，企业的政治联结提高了企业与政策环境的匹配性，这有利于企业获取稀缺资源、享受优惠政策、降低制度不稳定所引起的负面效应，但这种"舒适"的成长环境可能麻痹企业的"学习神经"，进而降低企业通过提高管理能力解决企业发展问题的动力，因此，过度的合法性不利于企业的可持续发展。

鉴于上述分析，本书关于合法性惰性的提出，是对合法性理论的进一步扩展和深化，这有利于企业决策者更加全面地认识合法性的作用。

10.3.2 存在的局限性

1. 未能对影响企业管理学习绩效的各层面因素进行大样本统计检验

在对关键影响因素与企业管理学习绩效之间关系的实证检验部分，本书只详细阐释了企业层面的个别因素对管理学习绩效的实证检验结果。然而，企业的管理学习绩效受到来自多层面复杂因素的共同作用，企业层面之外的因素对管理学习绩效的作用有待来自大样本统计数据的进一步验证。

2. 缺少对样本企业上市前管理知识联结的统计

本书对管理知识联结的统计来自对高管兼职信息的提取。该方法有助于获得较为客观的数据，并且最终的实证检验结果也较好地验证了相关研究假设，但由于研究中考察的是公司上市后的高管兼职信息，因此，对公司上市之前的管理知识联结对企业管理学习绩效的作用并未进行检验。鉴于企业上市之前的信息难以获得，目前学术研究中多采用上市公司的数据。

3. 难以实现多学科理论分析的融合

本书采用的部分理论视角来源于后发国家企业追赶与创新，强调后发国家企业通过技术学习和管理学习以实现企业能力的提升。众所周知，在组织和管理研究领域，存在着组织学习理论。现阶段，组织学习理论的研究者已经取得了极为丰硕的研究结果。可惜的是，由于理论研究视角的差异，在现阶段难以实现两种视角的有效融合，这主要是因为：①组织学习强调的是组织间或组织内部的学习行为所导致竞争力提升，但其并不关注学习行为主体之间的知识差距，而管理学习强调的是后发国家企业向发达国家领先企业的学习；②组织学习不区别技术学习和管理学习，但在创新和追赶研究领域，管理学习和技术学习在学习内容、学习途径、学习绩效方面存在显著差异。

4. 研究对象的局限性

为了直接地观察管理学习的模式，未来应该关注跨国公司和国内企业合作者之间发生的以管理技术导入为目标的学习行为；为了有效地观察管理学习的行为，未来应该选取与外方企业具有密切合作关系的零售企业作为研究对象，并对其管理学习行为进行研究。在管理学领域的研究中，研究方法和研究样本的选择不仅取决于技术方面的限制，研究者同时也要考虑研究目标、研究时间及研究样本的可获得性。由于具有纯粹管理学习特性的研究样本具有很大的不可获得性，本书各章遵从"成本与价值原则（cost versus value principle）"，放宽了研究样本的选择。

5. 管理知识联结的测量缺乏对联结质量的评价

本书对企业管理知识联结的测量只是从资源的"数量"情况进行了统计。由于每个企业管理知识网络中的成员是不同的，各个成员所提供知识的"质量"也是不同的，高质量的成员对企业管理学习绩效的贡献可能更大一些。由于缺乏对联结对象级别的划分，本书只能通过数量上的统计对企业所构建的管理知识联结情况进行区分。

10.3.3　未来研究方向

1. 增加对其他层面影响因素的大样本实证检验研究

本书通过案例研究构建了影响企业管理学习绩效的因子模型，该模型中包含宏观、中观和微观三个层面的影响因子。许多极具有研究意义的影响因子有待学术界开展进一步的大样本实证检验研究，具体可以展开以下三方面的研究。首先，制度环境的特殊性对中国企业的战略决策具有重要意义，以往研究中关于中国制度环境的测量多是采纳 NERI 中心提供的中国市场化指数数值，然而最新数值仅更新到 2009 年，由于缺乏可用数值，本书暂时没有对中国的市场制度环境这一因子的作用进行大样本实证检验，未来该领域研究可以考虑增加该部分研究内容。其次，市场的竞争强度也是影响企业发展的重要因素。自中国加入世贸组织之后，中国零售企业可谓是饱受外资零售企业和本土零售企业的双面夹击，尤其是国外竞争对手对本土零售企业在时间和空间上造成的激烈竞争。因此，这种超出一般水平的竞争强度与企业管理学习绩效的关系，有待学术界开展进一步的大样本实证检验。另外，在知识层面，由于管理知识以隐性知识为主，该类知识产生于特定的历史逻辑之中，该特征使得企业学习管理知识面临很大的障碍。随着信息技术的发展，大量优秀的管理知识能够嵌入在管理信息系统中，这在一定程度上降低了企业学习管理知识的难度。在现实中，许多企业虽然投入大量资金引进先进的管理系统，但是企业的管理水平并未得到相应的提高。未来，该领域的相关研究可以通过收集企业构建管理系统方面的投入资金数据，进一步开展对管理知识的系统嵌入性特征与管理学习绩效关系的大样本实证检验研究。

2. 探索企业上市前管理知识联结对企业管理学习绩效的作用机制

本书讨论分析的对象是上市公司，这类公司通常是行业中规模较大的企业。企业界有关于"管理对小规模企业不重要"的说法，但是许多未上市的"年轻企业"的高管也一样活跃于各种培训班之中（如 MBA 项目、EMBA 项目等）。如果提高管理水平对于小企业而言不是那么重要，那么，为什么还有那么多小企业积极构建管理知识联结?小企业的管理知识联结对管理水平的提升具有什么样的作用机理?这对揭示小企业管理学习的机制具有重要意义，该研究问题有待学术界进一步展开讨论。

3. 进一步探索国家级政治联结和地方级政治联结对企业合法性惰性的影响机理

虽然国家级政治联结和地方级政治联结都使企业在发展中产生了学习惰性，但考虑到二者带给企业的资源优势不同，它们使企业产生的惰性是否也存在差异?这个问题有待未来研究进一步探索。

4. 扩展企业外部联结中与外资有关的维度，实证检验企业与外资企业的战略联盟关系对管理学习绩效的影响

发达国家企业优秀的管理实践是中国企业管理学习的主要内容，与具有最佳管理经验的企业进行频繁的互动、构建紧密的联结，将有利于中国企业近距离、深入了解优秀管理实践。随着经济全球化的发展，各个国家的企业能够在全球范围内寻求合作者，这为发展中国家的企业与发达国家的企业建立合作关系提供了便利性。企业在国际合作中所建立的商业联结是否有利于企业之间的知识转移？发展中国家的企业在与发达国家企业商业互动的过程中，是否获取了优秀的管理知识？这些研究问题需要进一步的检验。

5. 以生产制造企业为研究样本，探究技术学习和管理学习之间的作用机制

为了专注地研究管理学习问题，回避技术学习对研究过程和结果的干扰，本书选择管理学习行为显著的零售业企业作为研究对象。但技术能力和管理能力是企业的两条腿：企业发展的硬实力、企业发展的软实力。对于生产制造型企业而言，技术学习和管理学习普遍存在于企业的发展过程中。其中，技术学习有利于企业提高其产品创新的能力，管理学习有利于企业提高经营效率。作为学习的两个维度，技术学习和管理学习之间存在怎样的作用机制？企业是如何将有限的资源配置在技术学习和管理学习行动上的？技术学习和管理学习在企业竞争优势构建中分别扮演着怎样的角色？对于上述问题，未来学术界可以通过对生产制造型企业的学习事件进行追踪和分析予以解答。

参 考 文 献

ABRAHAMSON E，1996. Management fashion. Academy of Management Review，21（1）：254–285.

BARROS C P，ALVES C A，2003. Hypermarket retail store efficiency in Portugal. International Journal of Retail & Distribution Management，31（11）：549–560.

BARROS C P，2006. Efficiency measurement among hypermarkets and supermarkets and the identification of the efficiency drivers：a case study. International Journal of Retail & Distribution Management，34（2）：135–154.

BARNEY J，1991. Firm resources and sustained competitive advantage. Journal of Management，17（1）：99–120.

BAUM J A C，OLIVER C，1996. Toward an institutional ecology of organizational founding. Academy of Management Journal，39（5）：1378–1427.

BERGH D D，LIM E N K，2008. Learning how to restructure: absorptive capacity and improvisational views of restructuring actions and performance. Strategic Management Journal，29（6）：593–616.

BIRKINSHAW J，HAMEL G，Mol M J，2008. Management innovation. Academy of Management Review，33（4）：825–845.

BLOOM N，VAN REENEN J，2007. Measuring and explaining management practices across firms and countries. Quarterly Journal of Economics，112（4）：1351–1408.

CAMBRA FIERRO J，RUIZ BENITEZ R，2011. Notions for the successful management of the supply chain: learning with Carrefour in Spain and Carrefour in China. Supply Chain Management, 16 (2): 148–154.

CAO L L, DUPUIS M, 2009. Core competences, strategy and performance: the case of international retailers in China. The International Review of Retail, Distribution and Consumer Research, 19 (4): 349–369.

CHATTERJI A K, 2009. Spawned with a silver spoon? Entrepreneurial performance and innovation in the medical device industry. Strategic Management Journal, 30 (2): 185–206.

CHEN P L, TAN D, JEAN R J, 2016. Foreign knowledge acquisition through inter-firm collaboration and recruitment: implications for domestic growth of emerging market firms. International Business Review, 25 (1): 221–232.

CHILD J, MARKÓCZY L, 1993. Host-country managerial behavior and learning in Chinese and Hungarian joint ventures. Journal of Management Studies, 30 (4): 611–631.

CHUANG M L, DONEGAN J J, GANON M W, et al, 2011. Walmart and Carrefour experiences in China: resolving the structural paradox. Cross Cultural Management, 18(4): 443–463.

CLARK T, 2004. The fashion of management fashion: a surge too far. Organization, 11 (2): 297–306.

COHEN W M, LEVINTHAL D A, 1990. Absorptive capacity: a new perspective on learning and innovation. Administrative Science Quarterly, 35 (1): 128–152.

CURRAH A, WRIGLEY N, 2004. Networks of organizational learning and adaptation in retail TNCs. Global Networks, 4 (1): 1–23.

CYR D J, SCHNEIDER S C, 1996. Implications for learning: human resource management in east-west joint ventures. Organization Studies, 17 (2): 207–226.

DAMANPOUR F, ARAVIND D, 2012. Managerial innovation: conceptions, processes, and antecedents. Management and Organization Review, 8 (2): 423–454.

DE JORGE MORENO J，2008. Evaluation of technical efficiency among entrant and incumbent firms in the Spanish retailing sector: the effects of deregulation from a regional perspective. Journal of Retailing and Consumer Services，15（6）：500–508.

DYER J H，HATCH N W，2006. Relation-specific capabilities and barriers to knowledge transfers: creating advantage through network relationships. Strategic Management Journal，27（8）：701–719.

ELG U，GHAURI P N，TARNOVSKAYA V，2008. The role of networks and matching in market entry to emerging retail markets. International Marketing Review，25（6）：674–699.

FÄRE R，GROSSKOPF S，NORRIS M，et al，1994. Productivity growth, technical progress, and efficiency change in industrialized countries. The American Economic Review，84（1）：66–83.

FRUMKIN S，THAPA N，GENCALIOGLU A，2006. A proposed strategy for introducing moderately priced American brand merchandise in China. Journal of Fashion Marketing and Management，10（2）：227–237.

FU X L，HELMERS C，ZHANG J，2012. The two faces of foreign management capabilities: FDI and productive efficiency in the UK retail sector. International Business Review，21（1）：71–88.

FU X L, 2012. Foreign direct investment and managerial knowledge spillovers through the diffusion of management practices. Journal of Management Studies，49（5）：970–997.

GAMBLE J，2003. Transferring human resource practices from the United Kingdom to China : the limits and potential for convergence. The International Journal of Human Resource Management，14（3）：369–387.

GAMBLE J，2010. Transferring organizational practices and the dynamics of hybridization Japanese retail multinationals in China. Journal of Management Studies，47（4）：705–732.

GEPPERT M，1996. Paths of managerial learning in the East German context. Organization Studies，17（2）：249–268.

GOLDMAN A，1981. Transfer of a retailing technology into the less developed countries: the supermarket case. Journal of Retailing，57（2）: 5–29.

GOLDMAN A，2001. The transfer of retail formats into developing economies: the example of China. Journal of Retailing，77（2）: 221–242.

HINGLEY M，LINDGREEN A，CHEN L，2009. Development of the grocery retail market in China. British Food Journal，111（1）: 44–55.

JIA N，2014. Are collective political actions and private political actions substitutes or complements? Empirical evidence from China's private sector. Strategic Management Journal，35（2）: 292–315.

JOHANSSON U, THELANDER A，2009. A standardised approach to the world? IKEA in China. International Journal of Quality and Service Sciences，1（2）: 199–219.

JONSSON A，2008. A transnational perspective on knowledge sharing: lessons learned from IKEA's entry into Russia, China and Japan. The International Review of Retail，Distribution and Consumer Research，18（1）: 17–44.

KACKER M，1988. International flow of retailing know-how: bridging the technology gap in distribution. Journal of Retailing，64（1）: 41–47.

KAPLAN R S，1993. Innovation action research: creating new management theory and practice. Journal of Management Accounting Research，10: 89–118.

KEH H T, Chu S, 2003. Retail productivity and scale economies at the firm level: a DEA approach. Omega，31（2）: 75–82.

KOGUT B, ZANDER U，1992. Knowledge of the firm, combinative capabilities, and the replication of technology. Organization Science，3（3）: 383–397.

KOSTOVA T，1999. Transnational transfer of strategic organizational practices: a contextual perspective. Academy of Management Review，24（2）: 308–324.

KSHETRI N，2008. The development of market orientation: a consideration of institutional influence in China. Asia Pacific Journal of Marketing and Logistics，21（1）: 19–40.

KWAN C Y，YEUNG K W，AU K F，2003. A statistical investigation of the changing apparel retailing environment in China. Journal of Fashion Marketing and Management，7（1）：87–100.

LANE P J，LUBATKIN M，1998. Relative absorptive capacity and interorganizational learning. Strategic Management Journal，19（5）：461–477.

LI F，MI B，WANG G，et al，2010. An empirical study on the positioning point of successful retail enterprises in China. Nankai Business Review International，1（2）：152–165.

LIN X H，2005. Local partner acquisition of managerial knowledge in international joint ventures：focusing on foreign management control. Management International Review，45（2）：219–237.

LIU K，2007. Unfolding the post-transition era: the landscape and mindscape of China's retail industry after 2004. Asia Pacific Journal of Marketing and Logistics，19（4）：398–412.

LO T W C，LAU H F，LIN G S，2001. Problems and prospects of supermarket development in China. International Journal of Retail & Distribution Management，29（2）：66–76.

MAI L W，ZHAO H，2004. The characteristics of supermarket shoppers in Beijing. International Journal of Retail & Distribution Management，32（1）：56–62.

MCCABE D，2002. Waiting for dead men's shoes：towards a cultural understanding of management innovation. Human Relations，55（5）：505–536.

MINBAEVA D，PEDERSEN T，BJÖRKMAN I，et al，2003. MNC knowledge transfer, subsidiary absorptive capacity, and HRM. Journal of International Business Studies，34（6）：586–599.

PALMER M，QUINN B，2005. An exploratory framework for analysing international retail learning. The International Review of Retail，Distribution and Consumer Research，15（1）：27–52.

PENG M W，LUO Y D，2000. Managerial ties and firm performance in a transition economy: the nature of a micro-macro link. The Academy of Management Journal，43（3）：486–501.

PERRIGOT R， BARRORS C P，2008. Technical efficiency of French retailers. Journal of Retailing and Counsumer Services，15（4）：296–305.

PRAHALAD C K，HAMEL G，1990. The core competence of the corporation. Harvard Business Review，68（3）：79–91.

PRIEM R L，BUTLER J E，2001. Is the resource-based "View" a useful perspective for strategic management research? The Academy of Management Review，26（1）：22–40.

RATCHFORD B T，2003. Has the productivity of retail food stores really declined? Journal of Retailing，79（3）：171–182.

SELLERS-RUBIO R，MAS-RUIZ F，2006. Economic efficiency in supermarkets: evidences in Spain. International Journal of Retail & Distribution Management，34（2）：155–171.

SIEBERS L Q，2012. Foreign retailers in China: the first ten years. The Journal of Business Strategy，33（1）：27–38.

SIMON L，DAVIES G，1996. A contextual approach to management learning: the Hungarian case. Organization Studies，17（2）：269–289.

SOULSBY A，CLARK E，1996. The emergence of post-communist management in the Czech Republic. Organization Studies，17（2）：227–247.

STERNQUIST B，HUANG Y，CHEN Z Y，2010. Predicting market orientation Chinese retailers in a transitional economy. International Journal of Retail & Distribution Management，38（5）：360–378.

STURDY A，2004. The adoption of management ideas and practices. Management Learning，35（2）：155–179.

TEECE D，PISANO G，1994. The dynamic capabilities of firms: an introduction. Industrial and Corporate Change，3（3）：537–556.

THOMPSON M ，HERON P，2005. Management capability and high performance work organization. The International Journal of Human

Resource Management，16（6）：1029–1048.

TORNATZKY L，FLEISCHER G M，1990. The process of technology innovation. Lexington, Massachusetts：Lexington Books.

TSANG E W K，2001. Managerial learning in foreign-invested enterprises of China. Management International Review，41（1）：29–51.

UOTILA J，MAULA M，KEIL T，et al，2009. Exploration, exploitation, and financial performance analysis of S&P 500 corporations. Strategic Management Journal，30（2）：221–231.

VILLINGER R，1996. Post-acquisition managerial learning in central east Europe. Organization Studies，17（2）：181–206.

VLACHOUTSICOS C A，LAWRENCE P R，1996. How managerial learning can assist economic transformation in Russia. Organization Studies，17（2）：311–325.

WANG E，2011. Understanding the "retail revolution" in urban China：a survey of retail formats in Beijing. The Service Industries Journal，31（2）：169–194.

YU W T，RAMANATHAN R，2012. Managing strategic business relationships in retail operations: evidence from China. Asia Pacific Journal of Marketing and Logistics，24（3）：372–393.

YU W T，RAMANATHAN R，2009. An assessment of operational efficiency of retail firms in China. Journal of Retailing and Consumer Services，16（2）：109–122.

ZHU Y，LI Y，QIAN Y，et al，2008. Informization implementation for Chinese retailers. Tsinghua Science and Technology，13（3）：362–367.

陈晓萍，徐淑英，樊景立. 组织与管理研究的实证方法. 北京：北京大学出版社，2012.

成志明. 苏宁：背后的力量 创新营销. 北京：中信出版社，2010.

成志明. 苏宁：背后的力量 信息化天梯. 北京：中信出版社，2011.

成志明. 苏宁：背后的力量 组织智慧. 北京：中信出版社，2011.

单春霞. 基于 DEA-Malmquist 指数方法的高新技术产业 R&D 绩效评价. 统

计与决策，2011（2）：70–74.

段传敏. 苏宁：连锁的力量. 北京：中信出版社，2008.

风笑天. 社会研究方法. 北京：中国人民大学出版社，2018.

姜向阳，任佩瑜，李允尧，等. 基于 DEA 的中国零售连锁企业经营效率比
较研究. 运筹与管理，2011，20（5）：185–192.

金麟洙. 从模仿到创新：韩国技术学习的动力. 刘小梅，刘鸿基，译. 北京：
新华出版社，1998.

李东. 苏宁连锁. 深圳：海天出版社，2009.

李玉刚. 战略管理研究. 上海：华东理工大学出版社，2005.

李子奈，鲁传一. 管理创新在经济增长中贡献的定量分析. 清华大学学报(哲
学社会科学版)，2002，17（2）：25–31.

希特，爱尔兰，霍斯基森，等. 战略管理：竞争与全球化（概念）. 吕巍，
等，译. 北京：机械工业出版社，2012.

波特. 竞争战略. 陈小悦，译. 北京：华夏出版社，2005.

孙静. 张近东苏宁管理日记. 北京：中国铁道出版社，2011.

唐立军. 首都现代零售业发展研究报告. 北京：中国财富出版社，2014.

汪旭晖，万丛颖. 零售业上市公司生产率增长、技术进步与效率变化：基于
Malmquist 指数的分析. 经济管理，2009，31（5）：43–47.

汪旭晖. 零售专业技能的跨国转移与零售本土化问题研究. 商业经济与管
理，2007，188（6）：9–16.

王新宇. 基于 DEA 模型的城市百货零售企业经营效率评估. 系统工程，
2001，19（1）：56–60.

王雪莉. 西风东渐. 北京：机械工业出版社，2011.

王砚羽，谢伟，乔元波，等. 隐性的手：政治基因对企业并购控制倾向的影
响 基于中国上市公司数据的实证分析. 管理世界，2014（8）：
102–114+133.

王耀. 中国零售业发展报告. 北京：中国经济出版社，2010.

王永进，盛丹. 政治关联与企业的契约实施环境. 经济学（季刊），2012，11

（4）：1193–1218.

谢伟，张娜娜. 中国零售企业的管理学习机制及其关键影响因素. 创新与创业管理，2015（1）：107–116.

谢伟. 管理学习的定义、特点及影响因素. 科学学与科学技术管理，2008，29（10）：179–183.

张娜娜，谢伟，格佛海. 管理学习的过程模型：基于苏宁的案例研究. 科学学研究，2019，37（2）：291–300.

张娜娜，谢伟，孙忠娟. 管理学习对技术进步的贡献与路径研究. 科学学研究，2017，35（10）：1508–1517.

张娜娜，梅亮. 后发企业的管理滞后与改善：管理学习的视角.南开管理评论，2021，24（1）：74–85+103–105.

张娜娜，谢伟. 中国企业管理创新演化及其与环境的关系. 科技进步与对策，2016，33（10）：54–58.

章祥荪，贵斌威. 中国全要素生产率分析：Malmquist 指数法评述与应用. 数量经济技术经济研究，2008（6）：111–122.